肌肉训练完全图解

女性形体健美

肌肉训练完全图解

女性形体健美

Anatomy of Exercise for Women

Lisa Purcell

【美】丽萨 · 珀塞尔 编 姚妍婷 译 张可盈 审校

人 民 邮 电 出 版 社

北 京

图书在版编目（CIP）数据

女性形体健美 / (美) 珀塞尔 (Purcell,l.) 编 ; 姚妍婷译. -- 北京 : 人民邮电出版社, 2014.10 (2023.6重印)
(肌肉训练完全图解)
ISBN 978-7-115-36863-8

Ⅰ. ①女… Ⅱ. ①珀… ②姚… Ⅲ. ①女性－健美运动－图解 Ⅳ. ①G883-64

中国版本图书馆CIP数据核字(2014)第196670号

免责声明

本书内容旨在为大众提供有用的信息。所有材料（包括文本、图形和图像）仅供参考，不能用于对特定疾病或症状的医疗诊断、建议或治疗。所有读者在针对任何一般性或特定的健康问题开始某项锻炼之前，均应向专业的医疗保健机构或医生进行咨询。作者和出版商都已尽可能确保本书技术上的准确性以及合理性，且并不特别推崇任何治疗方法、方案、建议或本书中的其他信息，并特别声明，不会承担由于使用本出版物中的材料而遭受的任何损伤所直接或间接产生的与个人或团体相关的一切责任、损失或风险。

内 容 提 要

本书全面系统地解析了女性形体健美所需要的柔韧性练习、上身练习、核心肌肉练习、下身练习等各项训练内容。本书采用分步式的讲解方式，并以相关训练动作的模特演示图片以及肌肉解剖图相结合的方式，直观地展示了人体主要的活跃肌肉以及稳定肌肉的运动情况。另外，书中包含的约数百余幅三维图解为读者详细地说明了与每项动作相关的肌肉部位。本书讲解中还包含了全面的专家提示，包括最佳锻炼部位、锻炼目标、益处、避免事项、正确做法、变化练习等，以及每个动作中所涉及的肌肉部位列表，以帮助您深入了解自己的身体情况，选择正确的锻炼方案。

通过对本书的学习和坚持不懈的练习，女性读者可有效地达到减脂、改善身体状况、提高身体素质、释放压力以及调节情绪等效果。

◆ 编　　　　[美] 丽萨・珀塞尔（Lisa Purcell）
译　　　　姚妍婷
责任编辑　李　璇
责任印制　周昇亮

◆ 人民邮电出版社出版发行　　北京市丰台区成寿寺路11号
邮编　100164　　电子邮件　315@ptpress.com.cn
网址　http://www.ptpress.com.cn
雅迪云印（天津）科技有限公司印刷

◆ 开本：700×1000　1/16
印张：10　　　　2015年1月第1版
字数：244千字　　　　2023年6月天津第11次印刷

著作权合同登记号　图字：01-2014-4367号

定价：48.00元

读者服务热线：(010)81055296　印装质量热线：(010)81055316
反盗版热线：(010)81055315
广告经营许可证：京东市监广登字20170147号

目录

目录

引言

健身与女性

越来越多的女性正在加入健身的行列，她们出入健身房，参加马拉松比赛，又或者只是在客厅里铺一张毯子，在家做一些简单的练习。这个现象的出现是由很多原因造成的：一些女性想要减掉大腿上的几磅肥肉，好把自己塞进那些紧身牛仔裤中；另一些女性则希望通过健身来改善身体的整体状况，提高身体素质；一些女性希望通过运动来释放压力，调节自己的情绪；当然，也有一些人同时具备以上所有原因，于是她们开始了自己的健身之路。我们必须了解这样一个简单的道理：健身能帮助我们获得更好的自我感觉，同时塑造更完美的身形。

不论出于什么原因，你已经决定按照制订好的健身计划锻炼身体。在阅读本书的过程中，你会发现每一页上都有大量的有用信息。通过人体解剖图示，你将得到全方位的健身指导。第一组练习着重改善身体的柔韧性。示范动作能够帮助你在锻炼前更好地热身，或者帮你更好地开始一天的生活。上身练习、核心肌肉练习以及下身练习针对大部分我们渴望锻炼到的身体部位而设计。训练计划将这些针对性练习组合在一起，不仅能够帮助你塑造完美身形，而且使你的身体素质得到提高。

健身与女性

健身与女性：为大多数制订健身计划的女性设定的目标。我们都希望看到自己最完美的一面，感受自己最美好的一面，因此我们总是精力充沛地开始锻炼。女性的日常生活通常都很繁忙，想要在每日抽出时间来完成当日的训练并不容易，但是每天抽出时间来锻炼身体未尝不是一项很好的投资。

笔者将本书分为五个部分：第一部分着重于柔韧性练习，书中示范的这些动作可以帮你在进行长时间锻炼之前得到更好的热身或者更好地开始一天的生活。上身练习、核心肌肉练习以及下身练习针对大部分我们渴望锻炼到的身体部位而设计。训练计划将这些针对性练习组合在一起，不仅能够帮助你塑造完美身形，而且使你的身体素质得到提高。

抽点时间来健身吧

我们的健身计划往往因为没有时间而被搁浅。然而，健身也许比你想的要简单得多。例如，把这本书作为健身指导，你可以在家锻炼，相比在健身房锻炼既可以节省时间也可以节省金钱。找一个合适的空间（例如客厅），每周锻炼2~3天，每次抽出10~30分钟的时间。设定一个特定的时间（例如在晚餐之后），这可以帮你制定一个固定的时间表。你可以定期举举哑铃，又或者定期进行其他的锻炼。经过一段时间的锻炼之后，你可以试着做一些新的练习。你也许找到一项练习会以一种新的方式挑战你，又或者在锻炼中发现自己从未发现的长处和短处。留意你自己的运动极限，然后试着打破自己的极限。当你的身体感受到锻炼带给你的舒适感，你便可以投入更多的时间，加快运动速度，获得更好的效果。

在脊柱中立的状态下运动

脊柱中立就是指保持脊骨和盆部自然的中轴位置。脊柱中立是在开始锻炼之前必须了解的一个重要概念。保持脊柱中立的重要性在于确保你有正确的健身目标，并且能够锻炼到你的核心肌群，同时，还能使你的运动更加高效。

脊柱中立取两个最极端的姿势的中间值，你的脊柱与躯干自然地对齐，它并不是直立的。颈部（脖子）、胸部（上半身）、腰部（下半身）之间都有一定的弧度。脊柱中立能帮助脊柱缓冲过重的压力。控制骨盆的倾斜度，从而帮助脊柱保持平衡。

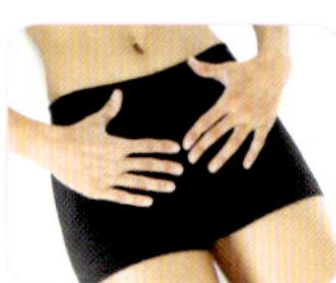

骨盆旋肌是连接背部肌肉和腹部肌肉的纽带。当骨盆向后旋转的时候，腰部的线条就会变宽。而当骨盆向前旋转的时候，腰背部的曲线便会伸直。

当你平躺在地板上，将你的大拇指放在髋骨上，其他手指放在耻骨上（大腿内侧的骨头），手臂呈三角形。髋部的骨头既不后倾，也不斜向某一侧，所有的骨骼都保持在同一平面上。手臂形成的三角形也与你的髋部在同一个平面上，此时你的脊柱便处于中立状态。当你平躺在地板上的时候，这个姿势能够帮你为接下来的练习做好准备。

当你俯卧在地板上，想要保持脊柱中立，你可以下压耻骨贴近地面，直到感觉到你的背部平伸或者你的小腹微微上提离开地面。收紧下巴，使你的前额接触到地面，伸展颈部。在你锻炼的过程中，这个姿势不仅能够保护你的背部和颈部，同样，它还能让你的锻炼事半功倍。保持脊柱中立姿势有助于降低运动中受伤的风险，同时也使你的锻炼效果更佳。

额外练习

你可以利用房间中的日常生活用品来丰富你的健身日程：在做俯卧撑或者仰卧起坐的时候把椅子作为道具，或者借助踏板来完成弓步练习和小腿肌肉练习。

书中的很多练习都需要配合道具—这些小道具可以丰富你的锻炼，给你的健身计划带来新的挑战。

哑铃： 用于塑造手臂肌肉若干个小重物。刚开始使用的时候可以选择比较轻的哑铃，譬如从2磅重开始（或者使用更轻的代替品，例如未开封的食品罐头或者矿泉水瓶），然后慢慢增加重量。两手手握哑铃，这会给你的两臂增加阻力，同时使得许多训练的效果更加明显。你可以在任何一项需要重量训练的练习中使用哑铃。如果你打算购置一套哑铃，你可以购买那种可调节重量的哑铃，这样你可以很容易地调整运动中使用的哑铃的重量。不过要确保你的哑铃上配有固定锁扣，方便在哑铃上加减重力盘。

健身实心球： 一个有一定重量的小型健身球，常常被用于重量练习，一些训练手臂力量的练习里也会用到实心球。

瑞士球： 也被称作运动球、健身球、形体球或平衡球。这种重型充气球尺寸不限，直径通常在18到30英寸之间。根据你的身高体重，选择最适合的瑞士球型号。

瑞士球能帮你锻炼核心肌群，是一件很有用的健身器材。鉴于瑞士球的不稳定性，你需要在运动中不断调整身体的平衡，而这会增强身体的平衡感，增加身体的灵活性。

弹力带： 也被称为塑身带、赛乐带、黛娜带、伸展带或者健身带。这个小工具能给你的练习增加阻力。市面上能见到的弹力带有两种：一种带有手柄，另一种没有。这两种弹力带都能帮助你有效地完成健身运动，达到塑身与健身的目的。弹力带对于手臂练习也有一定的作用，但是与哑铃不同，哑铃的阻力主要是由哑铃的重量决定的，而弹力带则依靠恒定的拉力—自身肌肉的拉力，来增加运动的阻力，有助于提高全身肌群的协调能力。

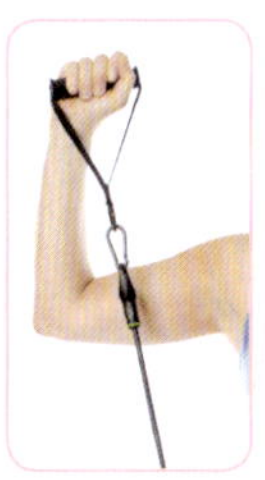

准备开始

虽然你很想马上投入到运动中去，但运动之前的热身练习是至关重要的。热身练习能使你的锻炼事半功倍，并且有助于减少运动伤害的可能。基础的热身运动分为两类：一类是锻炼心血管的运动，一类是伸展运动。心肺运动促进血液和氧气在全身的流动。你可以尝试原地跑步、跳绳、动感单车或者骑自行车、快走等运动。正如前面内容所讲，伸展运动会逐步地且温和地强健你的肌肉，最大化地增加身体的柔韧性。

如何使用本书

在本书的各个章节中你都能看到很多的示例图，这些图片会指导你如何正确地完成每一个动作，并且每章都有许多小贴士，告诉你怎样才能避免运动中的错误动作。在提示框中，你能看到一些动作还衍生出其他的变化动作。每个动作旁边都有快速阅读框，框中列出了这些动作的训练目标、难度系数以及益处。当然，书中还列出了相应的警告提示：如果你出现了其中所讲的情况，最好暂时不要进行这项运动。每项练习旁边都有相应的插图，向你展示运动到的主要肌肉。当你在做这些练习的时候，想象一下正在运动的肌肉—这能帮你保持最理想的状态。

人体构造

解析关键

*代表深层肌肉

正面

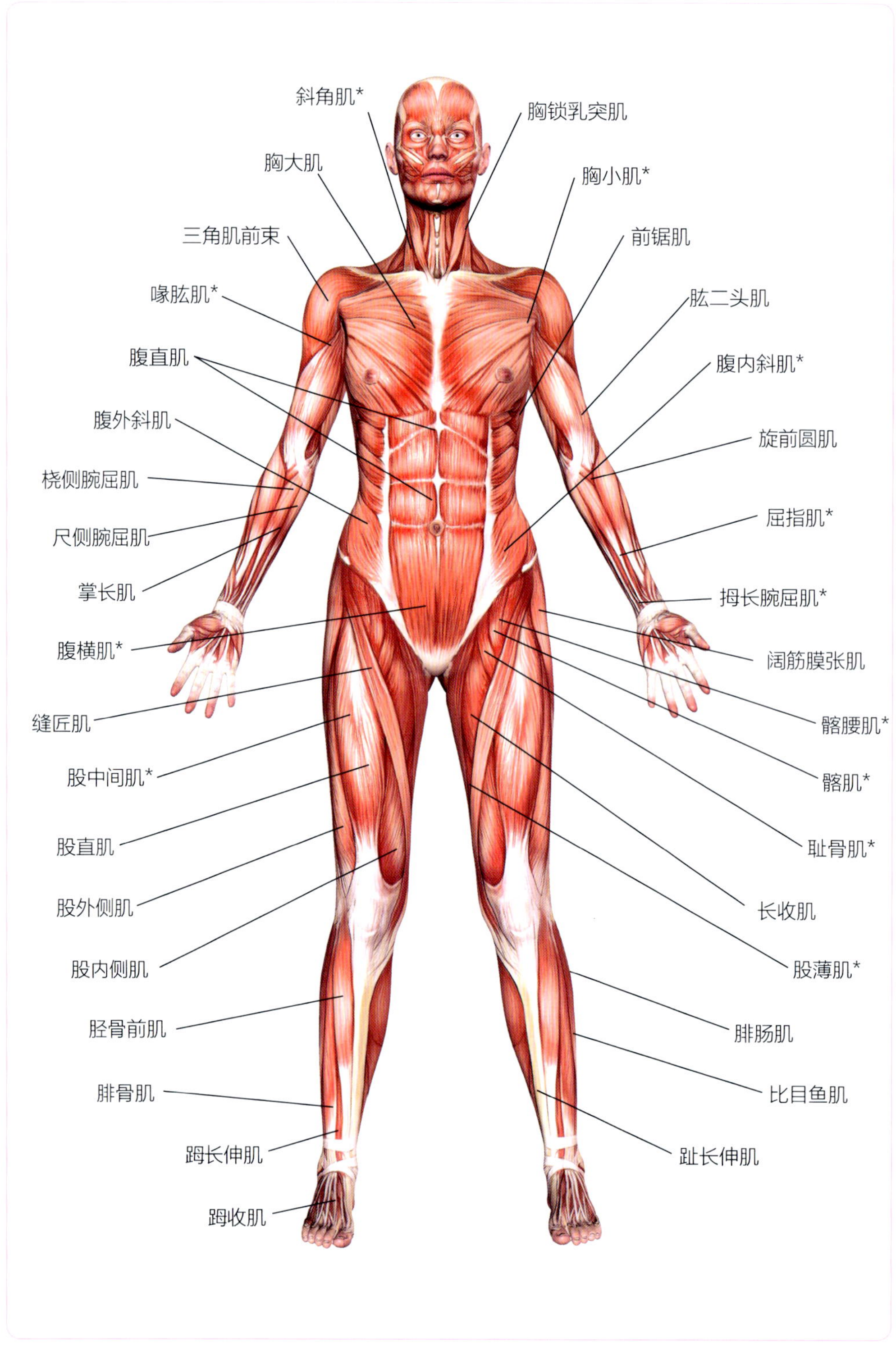

解析关键

*代表深层肌肉

背面

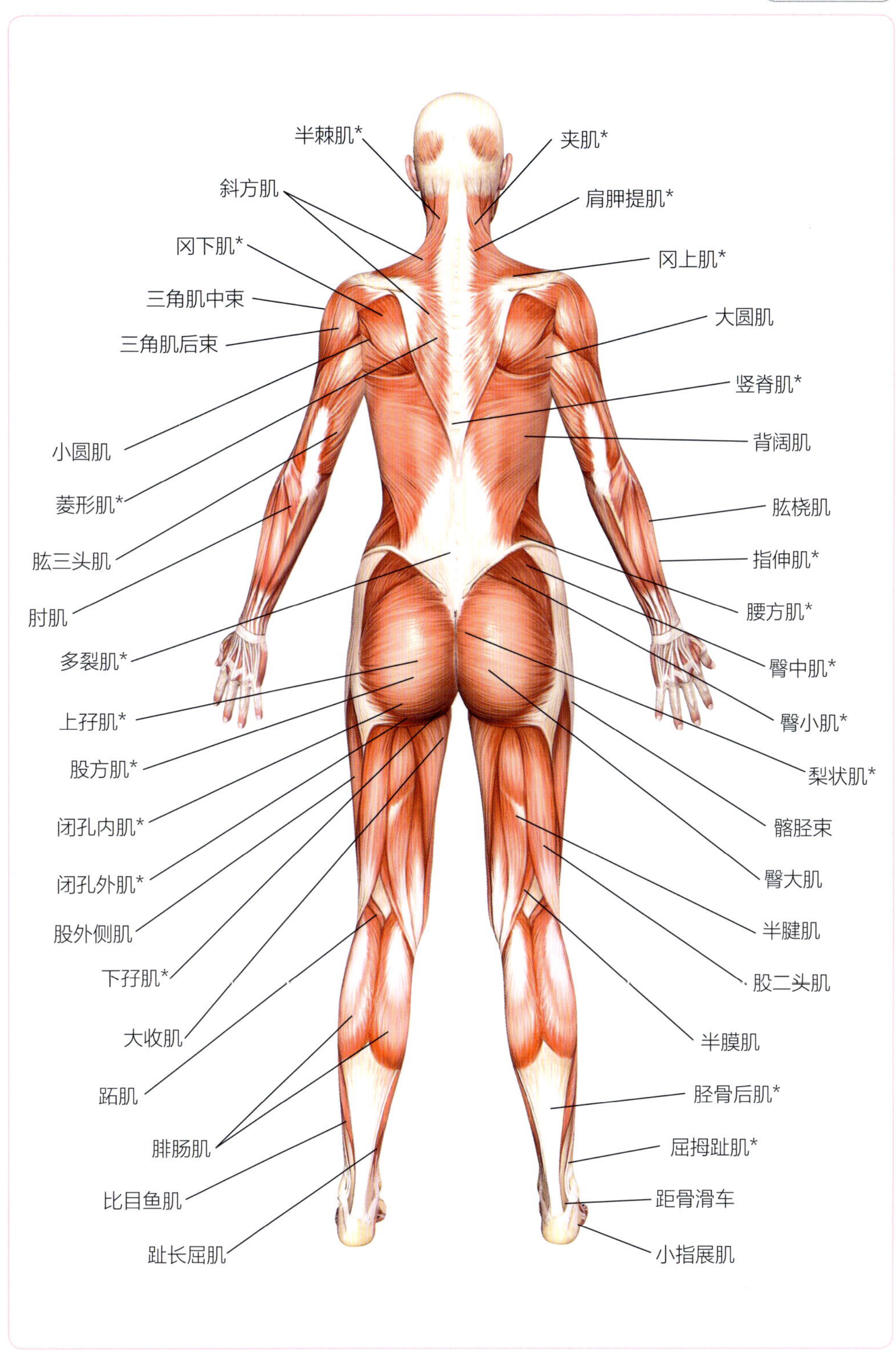

柔韧性练习

柔韧性练习可以帮你改善身体的柔韧性，让你在做弯腰、提举等其他日常运动的时候更加得心应手。身体变得更加灵活，这有助于体能的提高，降低受伤的风险。我们的身体生来就有一定的柔韧性，但这种柔韧性不足以应对一些运动。不过，经过定期的锻炼，身体的柔韧性是可以得到改善的。以下的这些练习都是针对全身的关键肌肉，能帮助肌肉得到拉伸，在综合训练之前做一做这些动作能够帮助你的身体得到更好的热身。但是，柔韧性练习并不仅仅指热身运动一定期的柔韧性练习有多重益处。就比如它可以帮你舒缓压力，帮你抗击衰老，提高肌群的协调性，缓解腰背疼痛，拉长骨骼，让你的身形更加健美。

颈部侧弯

后视图

1 直立站好，挺直身躯，一手轻轻地抓住头部的一侧。

2 另一只手放在背部，手肘弯曲。

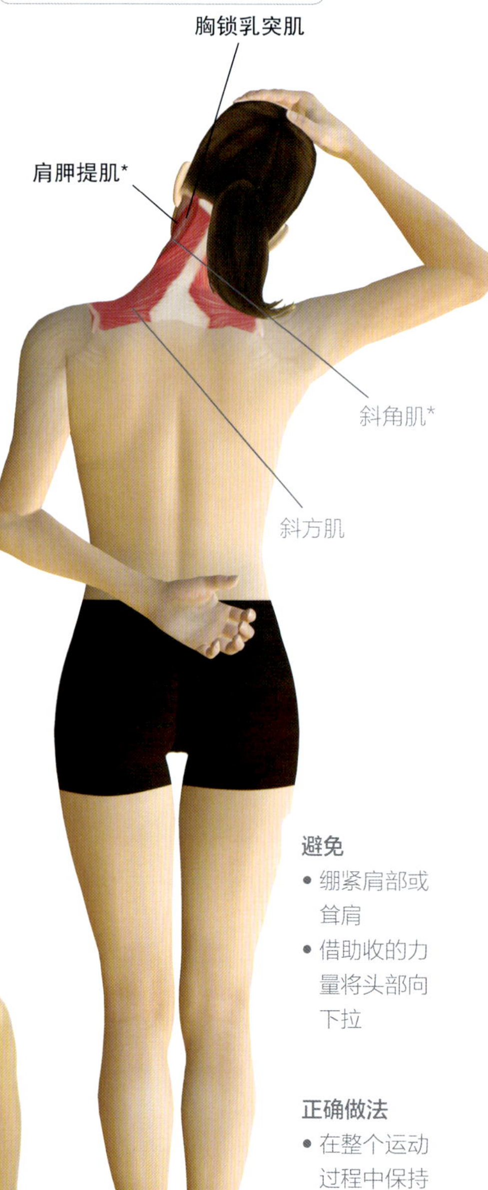

解析关键

粗体字代表此动作锻炼的目标肌肉

灰色字代表运动到的其他肌肉

*代表深层肌肉

锻炼目标

- 颈部肌肉

级别

- 初级练习者

益处

- 增强颈部肌肉的灵活性

如果你有下列问题，不建议做此项练习

- 颈部出现疼痛

前视图

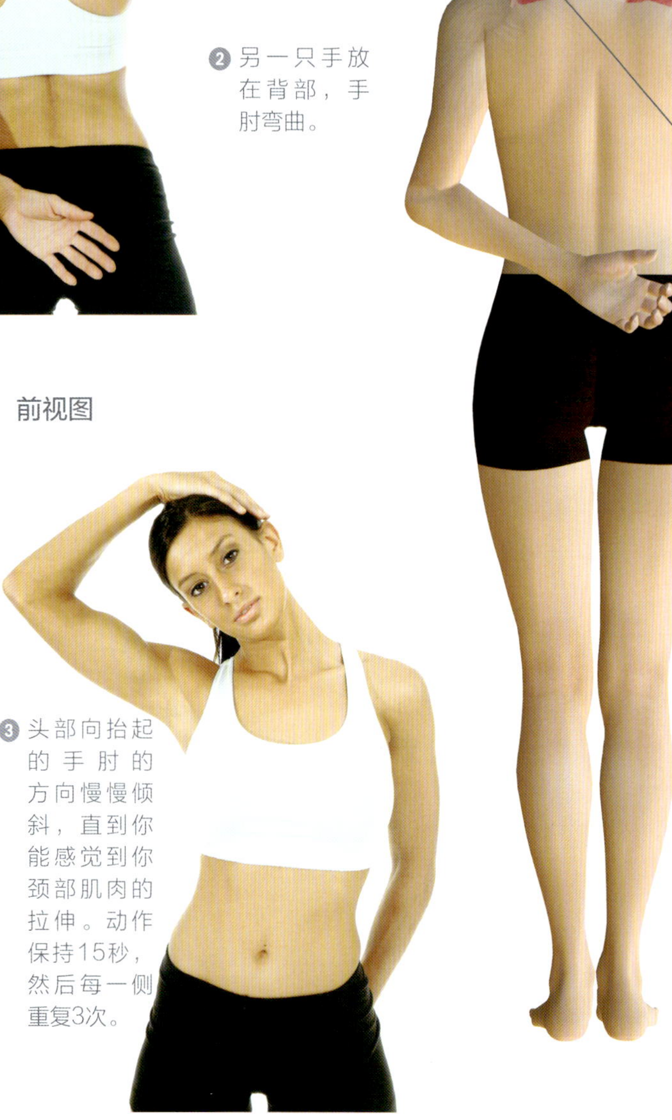

3 头部向抬起的手肘的方向慢慢倾斜，直到你能感觉到你颈部肌肉的拉伸。动作保持15秒，然后每一侧重复3次。

避免

- 绷紧肩部或耸肩
- 借助收的力量将头部向下拉

正确做法

- 在整个运动过程中保持正常、平稳地呼吸

最佳锻炼部位

- 肩胛提肌
- 胸锁乳突肌

三头肌伸展

1. 直立站好，保持颈部、躯干以及肩部挺直。
2. 右臂上提，弯曲手肘，置于头后
3. 双肩保持放松状态，左手手握右手手肘，慢慢向后压。
4. 继续后压手肘，动作保持15秒。
5. 每只手臂做3次。

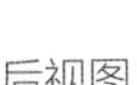

后视图

前视图

最佳锻炼部位

- 肱三头肌
- 棘下肌
- 大圆肌
- 小圆肌

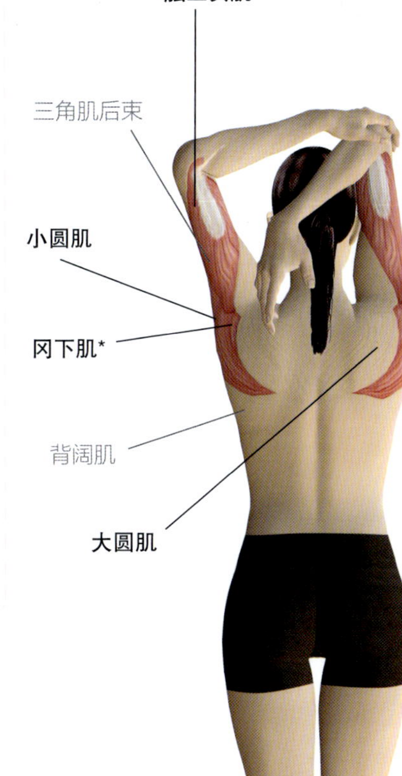

正确做法

- 上举的手臂手肘贴近头部

避免

- 后背倾斜

锻炼目标

- 肩部肌肉
- 股三头肌

级别

- 初级练习者

益处

- 增强关节灵活性

如果你有下列问题，不建议做此项练习

- 肩关节不稳定症

解析关键

粗体字代表此动作锻炼的目标肌肉

灰色字代表运动到的其他肌肉

*代表深层肌肉

背后扣手

柔韧性练习

1 直立站好，挺直颈部、肩部以及躯干。两手臂放松，放在身体两侧。

2 伸出右手，平行于地面。

3 向下弯曲手肘，将右手背于背后，手掌朝外。右手触到后背，手掌尽量提高，将右手手肘收于身体右侧。

4 继续弯曲手肘，手掌向上，直到上臂与脊柱平行。此时，你的右手应该位于两肩胛骨之间。

5 左手上举，弯曲手肘，手掌朝内，左手尽可能向下。

6 两手在背后扣住。打开胸部，收紧腹肌，感觉你的小腹正贴近脊柱。

7 动作保持30秒至1分钟。放松两臂，然后两臂交换动作，继续练习。

锻炼目标

- 上背部
- 上臂

级别

- 中级练习者

益处

- 帮助肩膀、胸部以及上臂得到伸展

如果你有下列问题，不建议做此项练习

- 肩部受伤

避免

- 太过用力—如果你的左右手无法在身后扣住，试着用绷带或者橡皮筋来拉近两手的距离。

正确做法

- 位于下侧的手肘靠近躯体

背后扣手·柔韧性练习

最佳锻炼部位

- 菱形肌
- 小圆肌
- 肩胛下肌
- 背阔肌
- 三角肌前束
- 三角肌中束
- 三角肌后束
- 肱三头肌
- 胸大肌
- 胸小肌

解析关键

粗体字代表此动作锻炼的目标肌肉

灰色字代表运动到的其他肌肉

*代表深层肌肉

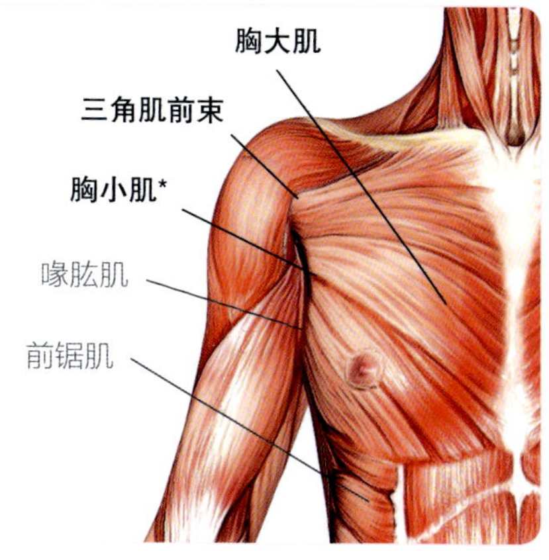

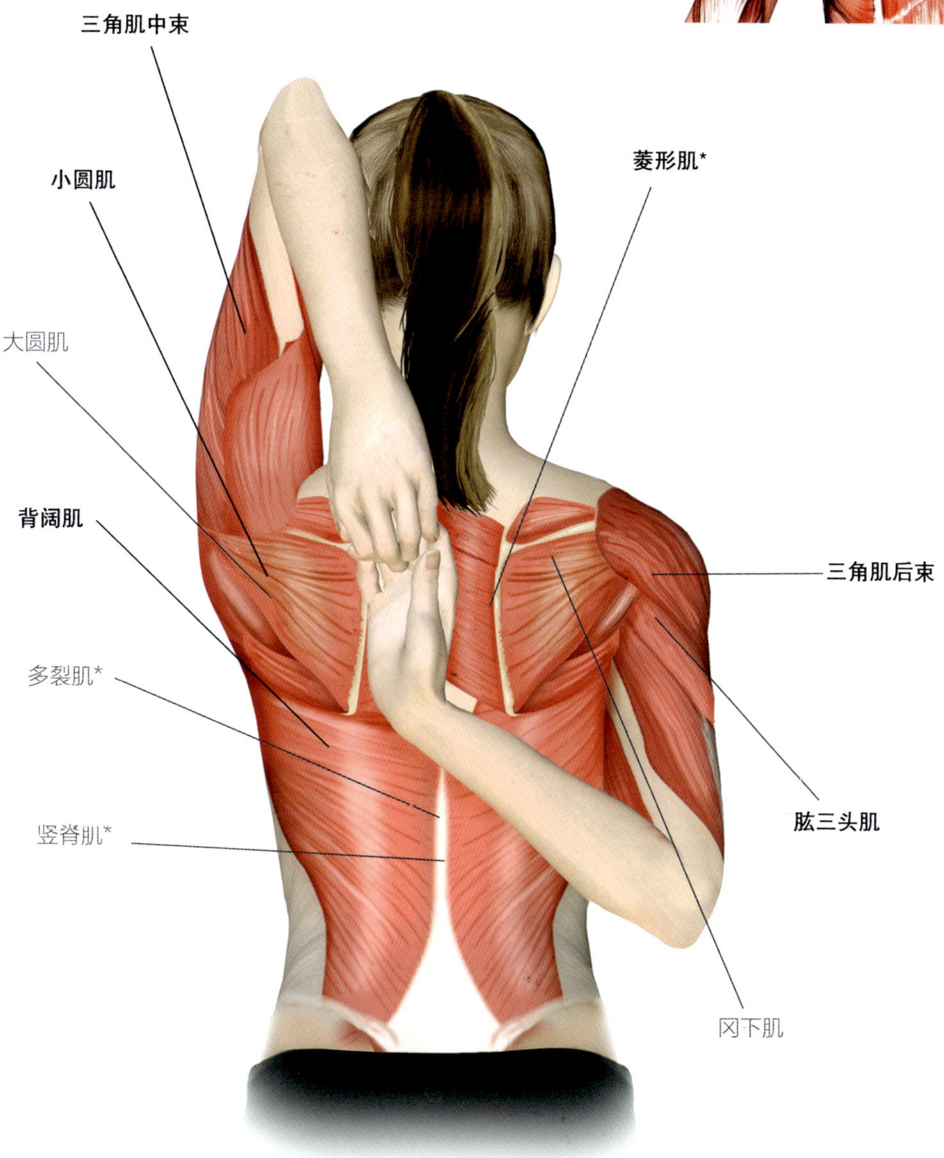

三角肌中束

小圆肌

大圆肌

背阔肌

多裂肌*

竖脊肌*

菱形肌*

三角肌后束

肱三头肌

冈下肌

扩胸伸展

❶ 直立站好，两手放在头后，十指相扣。两手手肘向外打开

避免

- 手肘向内扣
- 耸肩
- 弓背

正确做法

- 两手手肘向外打开
- 目光直视前方

❷ 两手肘向后拉，直到你能感受到胸部在拉伸。动作保持30秒。

❸ 两手手肘回到准备动作的位置，动作重复3次。

锻炼目标

- 胸部

级别

- 初级练习者

益处

- 帮助提高胸部肌肉的灵活性

如果你有下列问题，不建议做此项练习

- 肩部受伤

最佳锻炼部位

- 胸大肌
- 胸小肌

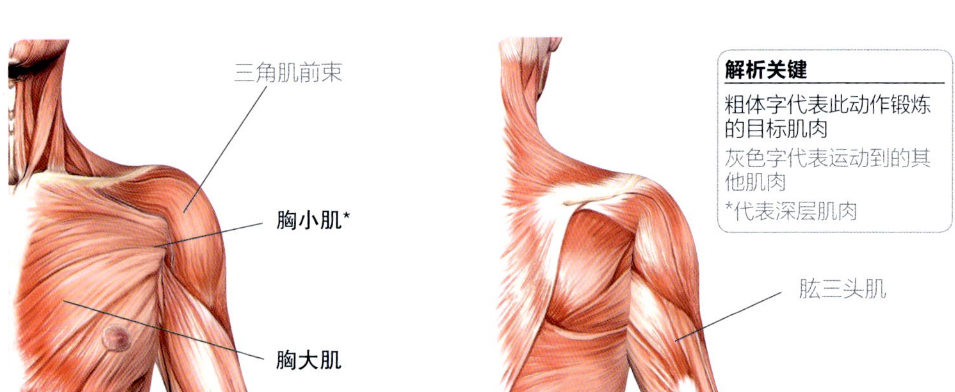

解析关键

粗体字代表此动作锻炼的目标肌肉

灰色字代表运动到的其他肌肉

*代表深层肌肉

跪式平衡球上背肌伸展

❶ 膝盖着地，跪在地板上，将平衡球放在身体前侧。向前伸出一只手臂，将手放在平衡球上。另一只手放在地面上。

❷ 躯干下压，将重心放在两脚脚后跟上，拉伸背部肌肉。动作保持30秒。

❸ 换另一只手臂，重复动作。每只手臂的动作重复3次。

冈上肌*

冈下肌*

三角肌后束

小圆肌

肱三头肌

背阔肌

竖脊肌*

避免

- 倾斜躯干
- 仰脖子

正确做法

- 放在平衡球上的手臂完全伸展开
- 在伸展过程中面朝地面

解析关键

粗体字代表此动作锻炼的目标肌肉

灰色字代表运动到的其他肌肉

*代表深层肌肉

最佳锻炼部位

- 背阔肌
- 竖脊肌

锻炼目标

- 背部

级别

- 初级练习者

益处

- 帮助提高背部肌肉的灵活性

如果你有下列问题，不建议做此项练习

- 腰背部受伤

背阔肌伸展

❶ 直立站好，颈部、肩部以及躯干保持伸直。

❷ 两只手臂过头上举，双手握住，手掌朝上。

❸ 伸直手肘，两臂向一侧弯曲，与你的躯干呈一定的弧度。

避免

- 双臂上举的时候身体向后倾

正确做法

- 尽量拉伸双臂和双肩

锻炼目标

- 背部
- 腹斜肌

级别

- 初级练习者

益处

- 帮助矫正错误姿势

如果你有下列问题，不建议做此项练习

- 腰背部疼痛

最佳锻炼部位

- 背阔肌
- 腹外斜肌

4 身体向前倾，手臂向下，然后慢慢将双臂朝上方移动，双臂的运动轨迹呈一个完整的圆。

5 回到准备动作的位置，重复动作，每个方向重复三次。

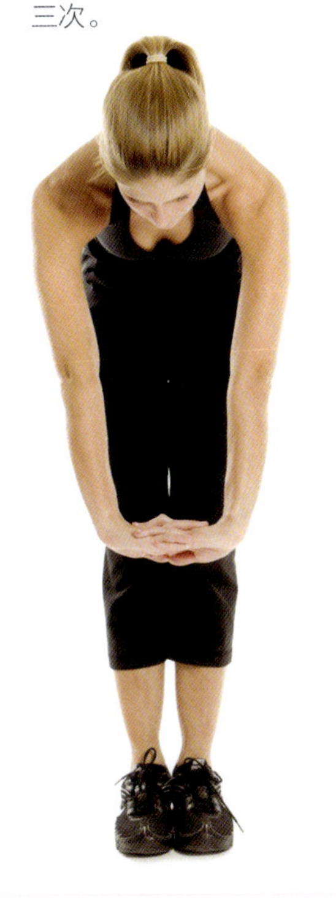

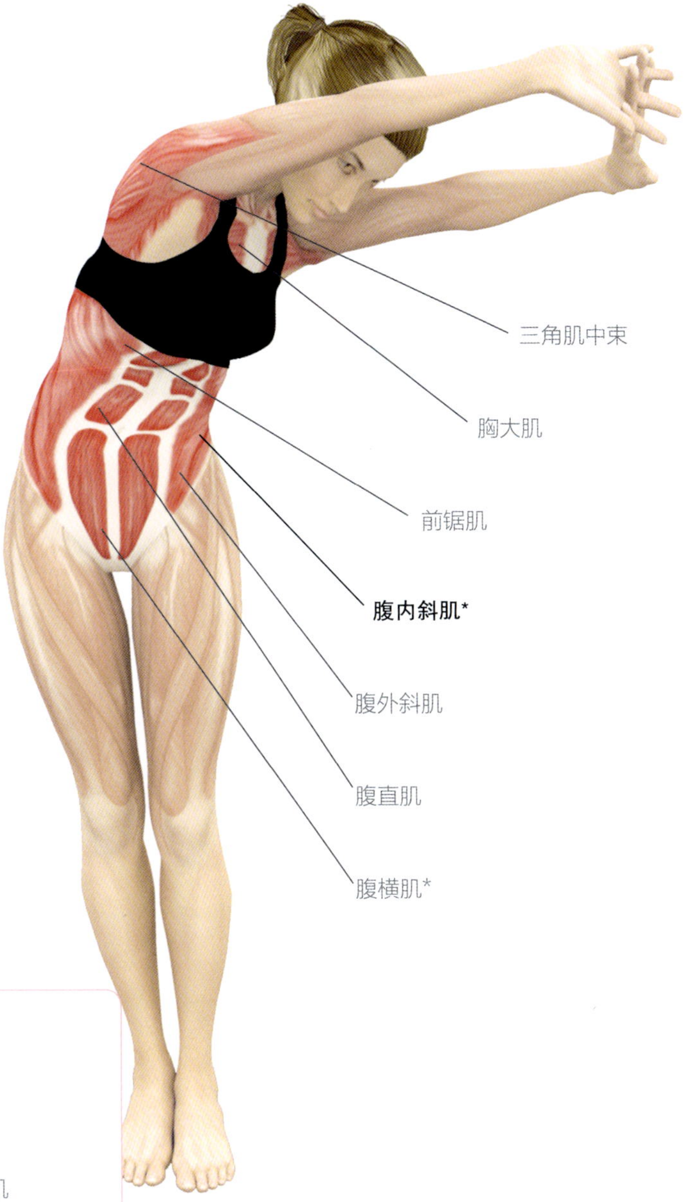

三角肌中束

胸大肌

前锯肌

腹内斜肌*

腹外斜肌

腹直肌

腹横肌*

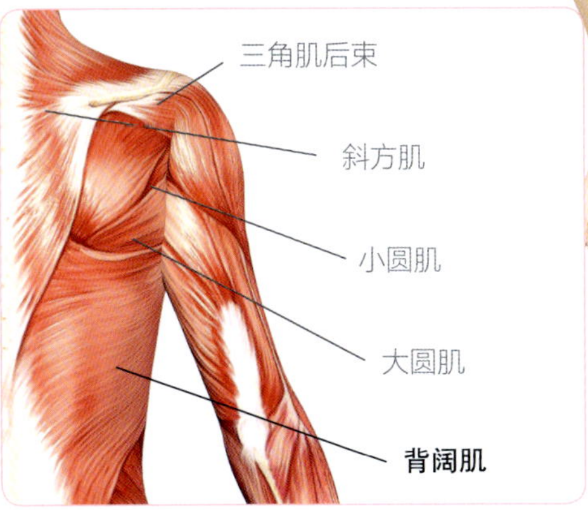

三角肌后束

斜方肌

小圆肌

大圆肌

背阔肌

解析关键

粗体字代表此动作锻炼的目标肌肉

灰色字代表运动到的其他肌肉

*代表深层肌肉

脚尖触碰

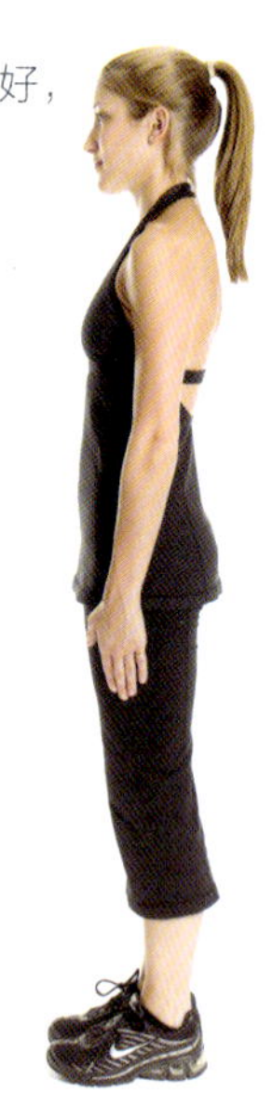

❶ 直立站好，呼气。

正确做法

- 同时弯曲脊柱
- 伸展背部的时候同时伸展腘绳肌
- 尽量保持该动作的时长，并且保持动作流畅

避免

- 颈部肌肉紧张
- 当你试着用手够脚趾的时候，仅仅停留在你觉得舒适伸展的位置

锻炼目标

- 脊柱

级别

- 初级练习者

益处

- 伸展脊柱和腘绳肌
- 强化脊椎的折叠能力

如果你有下列问题，不建议做此项练习

- 腰背部至腿部疼痛

❷ 弯曲上身，头部向下贴近胸部，身体呈锥形，两手试着够脚趾。重心慢慢前移，继续呼气，脊椎呈弧形。

最佳锻炼部位

- 背阔肌
- 竖脊肌
- 菱形肌
- 股二头肌
- 腰方肌
- 臀大肌

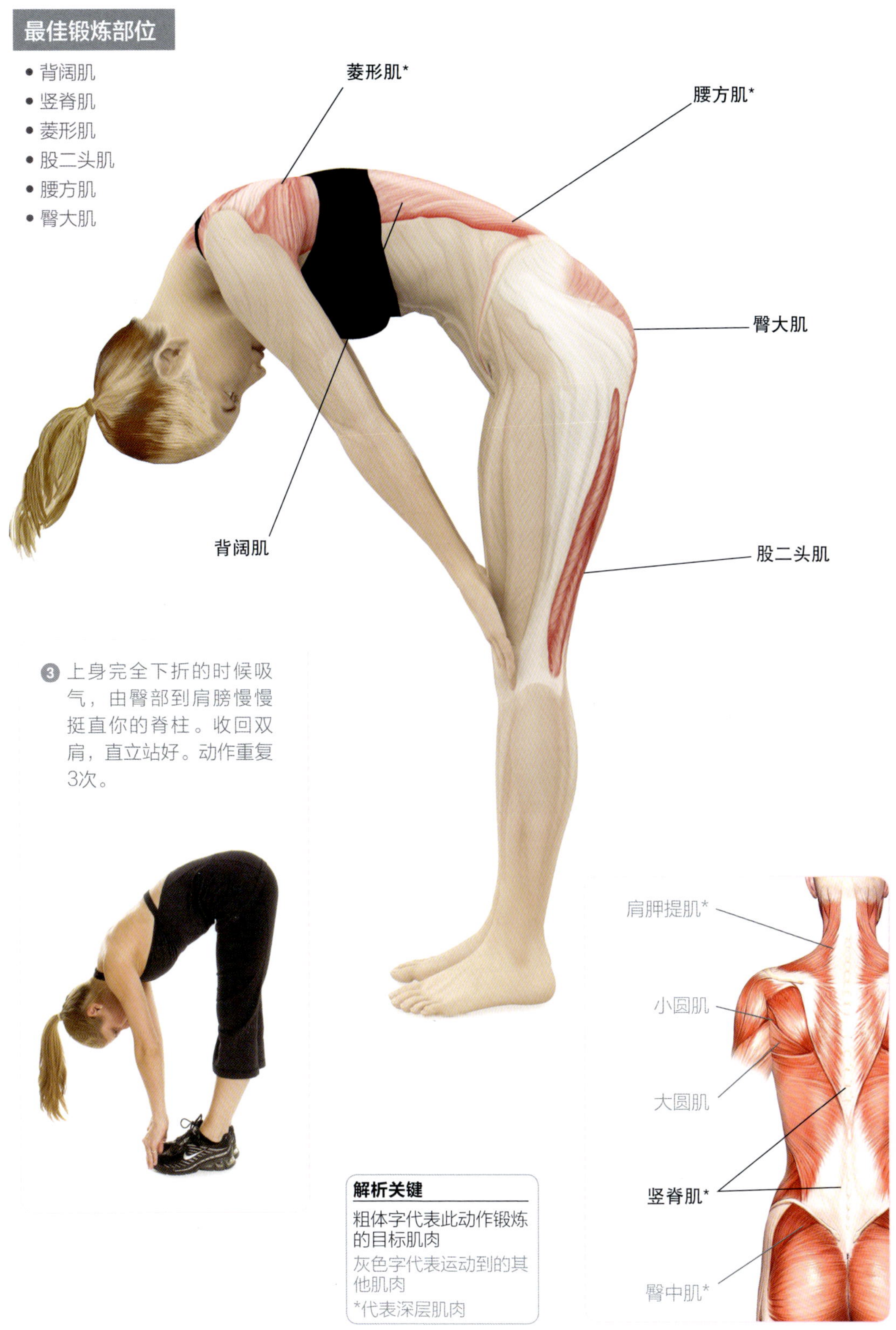

❸ 上身完全下折的时候吸气，由臀部到肩膀慢慢挺直你的脊柱。收回双肩，直立站好。动作重复3次。

解析关键

粗体字代表此动作锻炼的目标肌肉

灰色字代表运动到的其他肌肉

*代表深层肌肉

猫式伸展与犬式伸展

❶ 膝盖着地，弯曲上身，手腕和膝盖位于肩膀和臀部的正下方。双手打开，与肩同宽，十指指向前方。目视下方，头部放松，处于自然状态。

❷ 呼气，脊柱向天花板方向上拱。收紧腹部，感觉小腹正贴近脊柱。臀部和肩部上提。这是猫式伸展。

避免

- 弓背的时候着重活动腰背部
- 做猫式伸展的时候朝胸部方向收紧下巴
- 做犬式伸展的时候肋骨架向外凸出

锻炼目标

- 腰背部以及中背部伸肌
- 腹肌
- 腹斜肌

级别

- 初级练习者

益处

- 伸展胸肌、肩部肌肉、颈部肌肉、脊椎以及腹肌
- 改善关节活动度

如果你有下列问题，不建议做此项练习

- 膝盖损伤
- 手腕疼痛

❸ 吸气，放松脊柱，保持两手和双膝的动作。

❹ 再次吸气时，向下弯曲脊柱，挺胸，上提尾椎骨，目视前方。这是犬式伸展。

❺ 呼气，身体放松，两手和双膝处于自然状态。

❻ 整套动作重复10到20次。

最佳锻炼部位

- 竖脊肌

解析关键

粗体字代表此动作锻炼的目标肌肉

灰色字代表运动到的其他肌肉

斜体字代表韧带

*代表深层肌肉

正确做法

- 控制自己的身体，慢慢地完成伸展动作
- 在伸展动作的过程中两手和两脚平伸
- 脊柱上拱的时候上提下巴
- 运动到你尾椎骨

后纵韧带
腰方肌*
竖脊肌*
半腱肌
半膜肌

三角肌前束
腹横肌*
股内侧肌

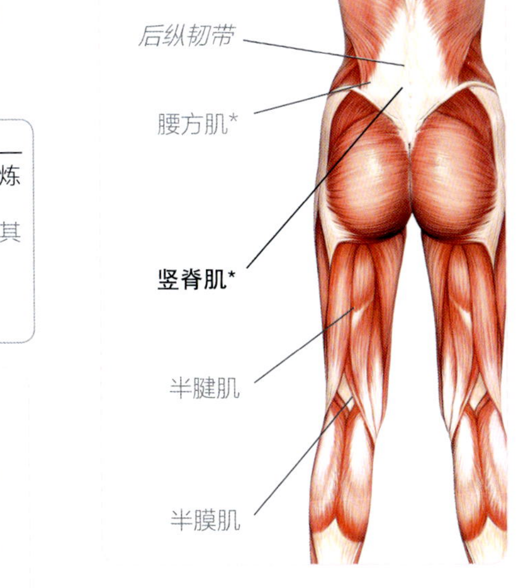

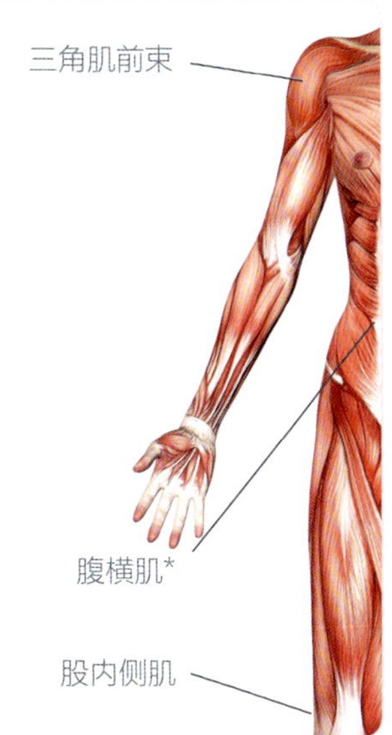

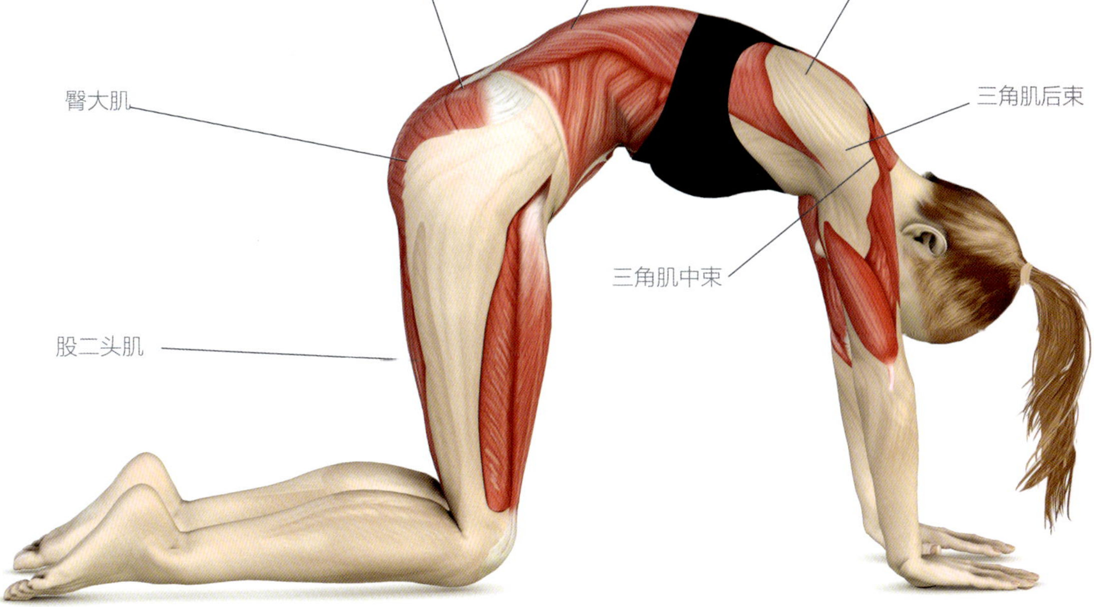

背阔肌
臀中肌*
菱形肌*
臀大肌
三角肌后束
三角肌中束
股二头肌

梨状肌伸展

❶ 后背贴地面躺下，双膝弯曲。

❷ 将右脚踝关节放在左膝上，放松右侧大腿。两只手抱住左腿大腿。

❸ 慢慢地将左腿向胸部下拉，直到你感觉到左腿的拉伸感。动作保持15秒，交换双腿。

锻炼目标

- 臀部肌肉

级别

- 初级练习者

益处

- 伸展臀部肌肉

如果你有下列问题，不建议做此项练习

- 膝髋关节功能障碍

正确做法

- 放松臀部，以得到更好的伸展
- 慢慢地完成伸展动作
- 头部和肩部不要离开地面

避免

- 向上伸腿的时候动作太快
- 没有扭动胯部而是扭动整个下半身

最佳锻炼部位

- 梨状肌
- 臀大肌
- 臀中肌
- 臀小肌

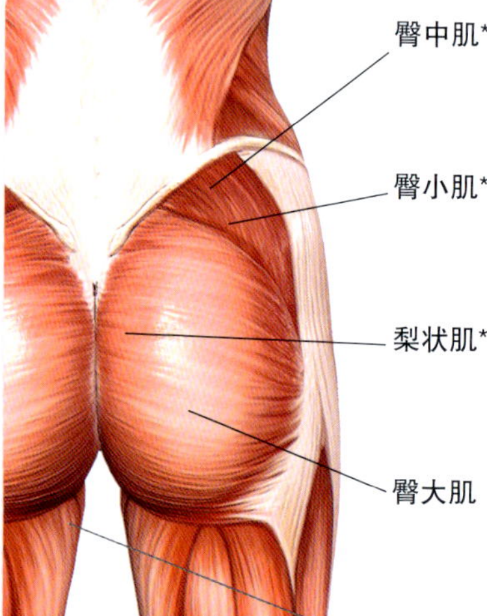

解析关键

粗体字代表此动作锻炼的目标肌肉

灰色字代表运动到的其他肌肉

*代表深层肌肉

臀部伸展

最佳锻炼部位

- 长收肌
- 髂腰肌
- 菱形肌
- 胸锁乳突肌
- 背阔肌
- 腹内斜肌
- 腹外斜肌
- 腰方肌
- 竖脊肌
- 多裂肌
- 髂胫束
- 臀大肌
- 臀中肌
- 梨状肌

❶ 在地板上坐下，左腿伸直，平放在身前地上。弯曲右膝。将右腿盘在左腿上。

❷ 将左手放在右腿膝盖上，这样便可以借助左臂的力量扭动你的躯干。右手固定在地板上。

❸ 臀部保持不动，扭动上身，使你的胸部贴近你的膝盖。

❹ 动作保持30秒。慢慢地放松。然后每一侧动作重复5次。

正确做法

- 颈部、肩部保持放松
- 尽可能地适应腿部的拉伸感
- 拉伸腿部和脊柱的时候脊柱保持挺直

避免

- 弯曲躯干
- 膝盖弯曲的那只脚上提离开地面
- 上身扭转的时候，绷紧颈部

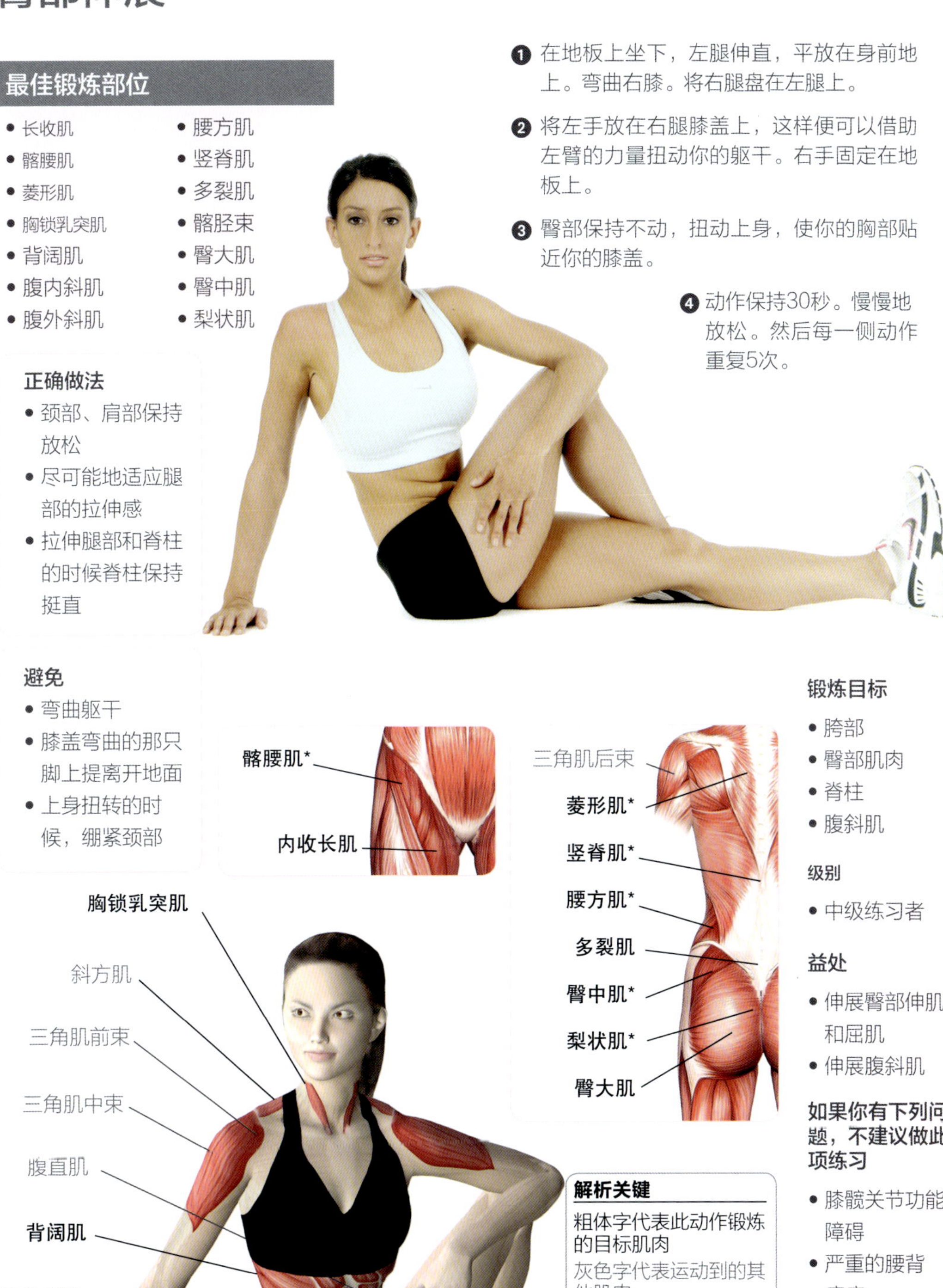

锻炼目标

- 胯部
- 臀部肌肉
- 脊柱
- 腹斜肌

级别

- 中级练习者

益处

- 伸展臀部伸肌和屈肌
- 伸展腹斜肌

如果你有下列问题，不建议做此项练习

- 膝髋关节功能障碍
- 严重的腰背疼痛

解析关键

粗体字代表此动作锻炼的目标肌肉

灰色字代表运动到的其他肌肉

*代表深层肌肉

髋关节到大腿部伸展

❶ 左膝跪地，右腿垂直伸向前方，右膝弯曲小于90度。

❷ 身体前倾，弯曲右膝，使你的膝盖与你的脚趾齐平。躯干保持自然，右臀用力下压，使你的右腿大腿产生一种拉伸感。上举双臂，放松两个肩膀。

❸ 手臂向下，臀部向前移动，伸直右腿，整个身体前倾。两手撑于右腿两侧。

❹ 动作保持10秒。每条腿的前后位移动作重复5次。

正确做法

- 肩部、颈部保持放松
- 在做拉伸运动的时候将你的身体看作一个整体来运动

避免

- 向前伸展的那条腿伸得太远
- 扭动臀部
- 位于后侧的膝盖向外移动

锻炼目标

- 臀部曲肌
- 臀部伸肉
- 胭绳肌
- 四头肌

级别

- 中级练习者

益处

- 伸展臀部肌肉和大腿肌肉

如果你有下列问题，不建议做此项练习

- 腰背疼痛
- 颈部疼痛

变化练习

难度加大： 在做后移运动的时候，两手支撑地面，将位于后侧的大腿膝盖抬起，伸展大腿。

最佳锻炼部位

- 髂腰肌
- 股二头肌
- 股直肌

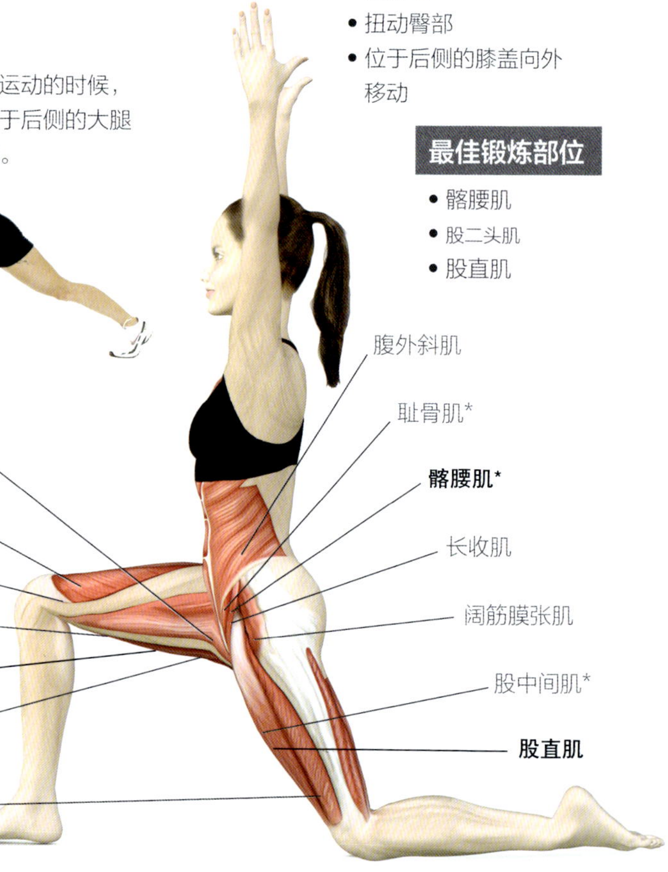

大收肌

股内侧肌

股薄肌*

半膜肌

股二头肌

半腱肌

股外侧肌

腹外斜肌

耻骨肌*

髂腰肌*

长收肌

阔筋膜张肌

股中间肌*

股直肌

解析关键

粗体字代表此动作锻炼的目标肌肉

灰色字代表运动到的其他肌肉

*代表深层肌肉

脊椎伸展

❶ 平躺在地板上，左腿伸直，右膝弯曲，将右脚放在左腿的小腿上。

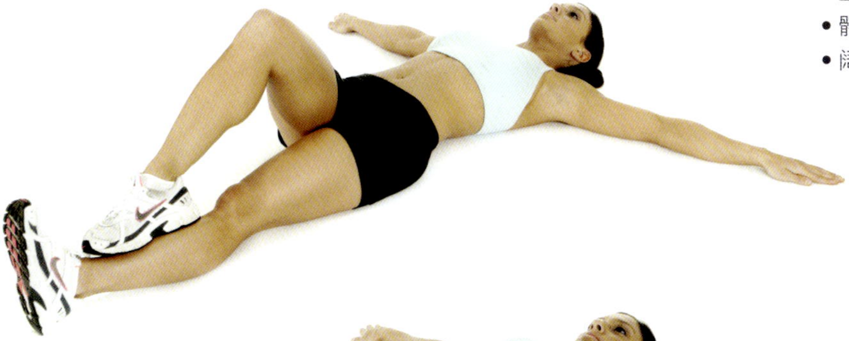

最佳锻炼部位

- 腰方肌
- 竖脊肌
- 髂胫束
- 阔筋膜张肌

❷ 两肩贴紧地面，慢慢地让你的右腿向左旋转，使你能感受腰背部与臀部拉伸感。双肩保持固定，尽可能地使你的右膝贴在地面。

❸ 动作保持15秒。在每一侧重复整个动作组3次。

锻炼目标

- 脊柱伸肌

级别

- 初级练习者

益处

- 伸展腰背部

如果你有下列问题，不建议做此项练习

- 髋关节疾病

解析关键

粗体字代表此动作锻炼的目标肌肉

灰色字代表运动到的其他肌肉

*代表深层肌肉

避免

- 双肩上提离开地面

正确做法

- 放松腰背部

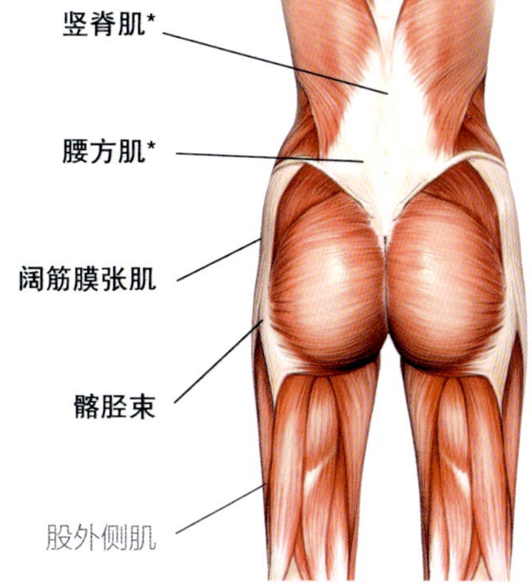

平衡球上交叉扭臀

❶ 平躺在地面，双臂向身体两侧伸展。将两腿放在平衡球上，臀部贴近球面。

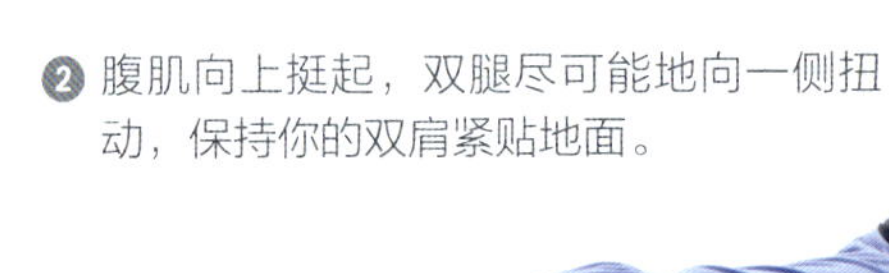

❷ 腹肌向上挺起，双腿尽可能地向一侧扭动，保持你的双肩紧贴地面。

锻炼目标

- 腰背部
- 腹斜肌

级别

- 中级学者

益处

- 帮助伸展、紧实腹部肌肉
- 提高核心肌群的稳定性

如果你有下列问题，不建议做此项练习

- 腰背部疾病

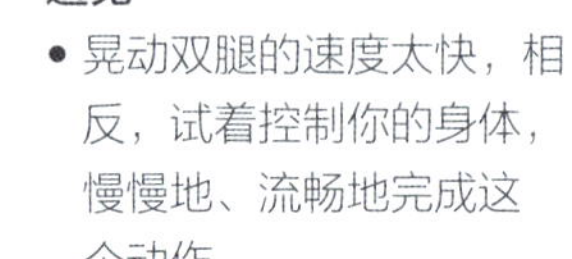

避免

- 晃动双腿的速度太快，相反，试着控制你的身体，慢慢地、流畅地完成这个动作

❸ 回到准备动作的位置，然后重复另一侧的动作。试着每一侧做20次。

平衡球上交叉扭臀・柔韧性练习

变化练习

难度减小：在开始的时候上提双腿，弯曲膝盖呈90度角。在不借助平衡球完成交叉扭臀动作时试着尽可能地保持上身不动。

最佳锻炼部位

- 竖脊肌
- 腹外斜肌

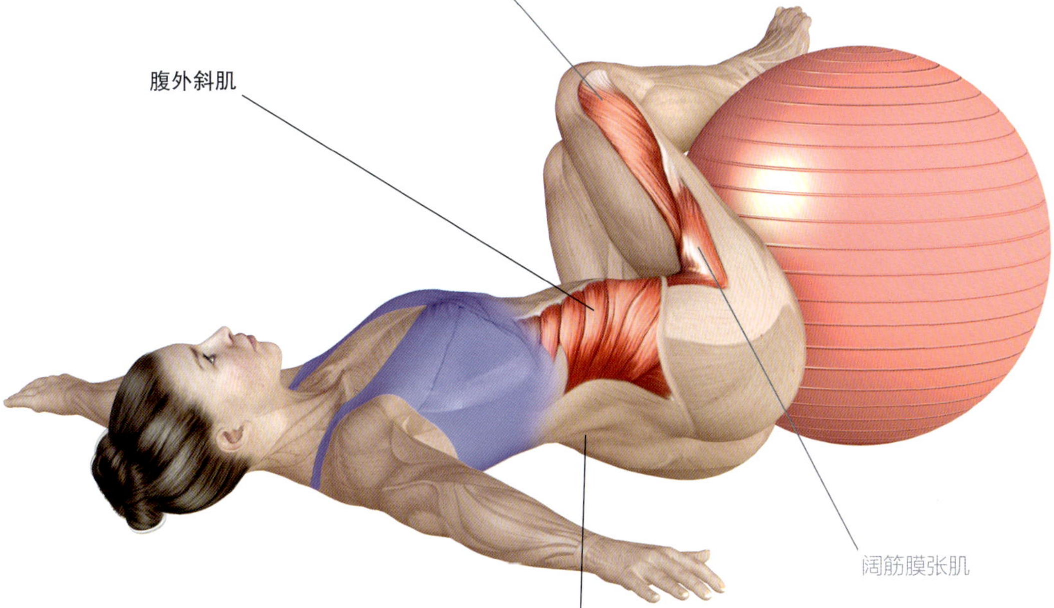

股外侧肌

腹外斜肌

阔筋膜张肌

竖脊肌*

正确做法

- 在整个练习的过程，尽可能地收紧你的核心肌群
- 两只手臂固定在地面上
- 如果可以的话，每一侧20次完成之后再换做另一侧的动作

解析关键

粗体字代表此动作锻炼的目标肌肉

灰色字代表运动到的其他肌肉

*代表深层肌肉

仰卧抱膝

❶ 平躺在垫子上，双腿并拢，两臂向外打开。

❷ 弯曲右膝，右腿贴近身体，两手握住右膝膝盖。保持这个伸展动作15秒。

锻炼目标

- 腰背部
- 胯部

级别

- 初级练习者

益处

- 伸展腰背部、臀部伸肌以及臀部旋肌

如果你有下列问题，不建议做此项练习

- 严重的关节问题

❸ 回到准备动作的位置。

❹ 重复动作，双手再次握住右膝膝盖，弯曲右膝，右腿向左侧旋转，使你的右腿贴近胸部。

❺ 动作保持15秒，然后回到准备动作的位置，弯曲左膝，完成另一侧的动作。

变化练习

同级：完成第一步动作之后将双膝拉向胸前。

最佳锻炼部位

- 竖脊肌
- 背阔肌
- 臀大肌
- 臀小肌
- 梨状肌
- 上孖肌
- 下孖肌
- 腹外斜肌
- 腹内斜肌
- 股方肌

避免

- 臀部上提，离开地面

正确做法

- 保持脊椎比直

解析关键

粗体字代表此动作锻炼的目标肌肉

灰色字代表运动到的其他肌肉

*代表深层肌肉

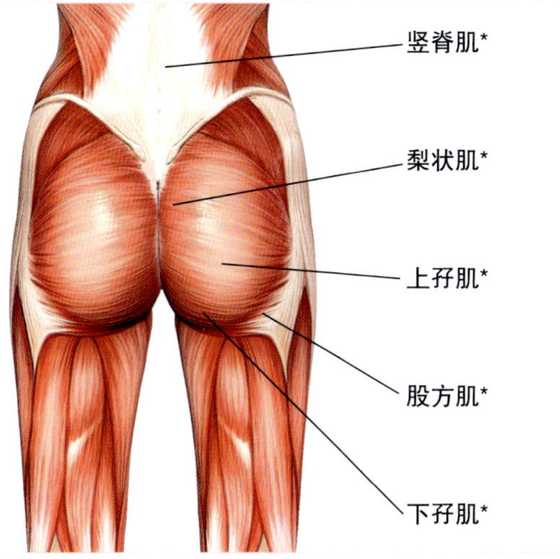

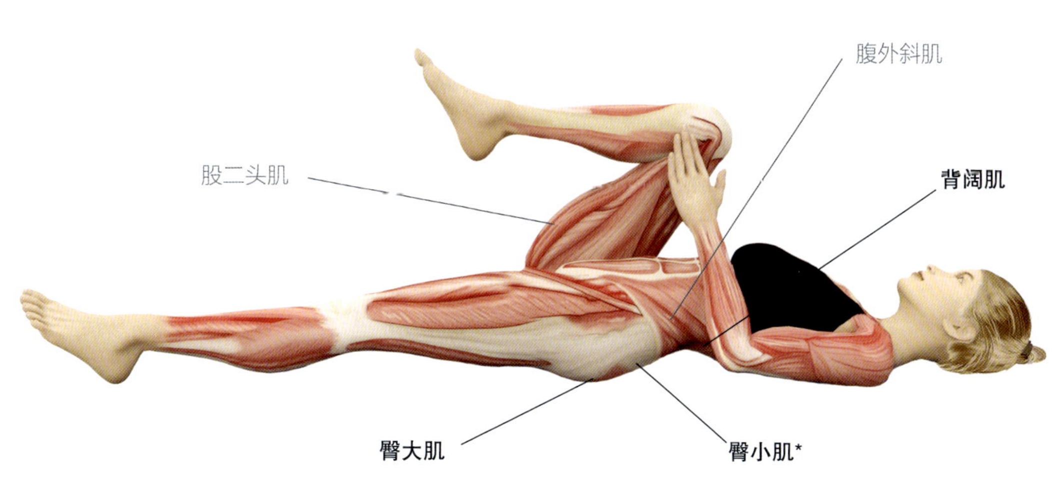

髂胫束伸展

❶ 直立站好，左腿交叉放于右腿前侧。

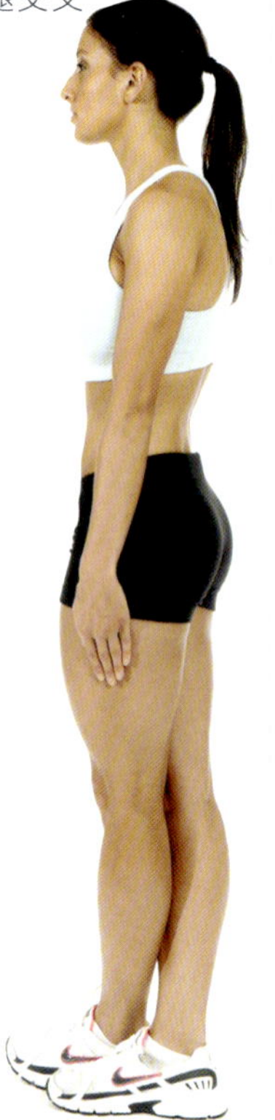

❷ 上身下弯的同时伸直双腿，两手试着够地面。

❸ 动作保持15秒。每一侧动作重复3次。

最佳锻炼部位

- 髂胫束
- 股二头肌
- 臀大肌
- 股外侧肌

锻炼目标

- 髂胫束
- 腘绳肌

级别

- 初级练习者

益处

- 有助于提高膝关节稳定性
- 有助于增强髋部的柔韧性
- 伸展背部肌肉、绳肌以及小腿肌肉

如果你有下列问题，不建议做此项练习

- 颈部疾病
- 腰背部疼痛

避免

- 后脚跟提起离开地面
- 弓背

正确做法

- 两脚平放在地面上
- 伸展后腿、脊柱，使得后腿和脊柱形成两条平行的垂直线

解析关键

粗体字代表此动作锻炼的目标肌肉

灰色字代表运动到的其他肌肉

*代表深层肌肉

四头肌伸展

最佳锻炼部位

- 腓肠肌
- 股外侧肌
- 股内侧肌
- 股中间肌

❶ 直立站好，左腿向后弯曲，用你的左手握住左脚的脚踝。将你的脚后跟朝着臀部的方向上拉，直到你能感受到大腿的拉伸感。两腿膝盖并拢。

❷ 动作保持15秒。在每条腿上将整个动作组重复3次。

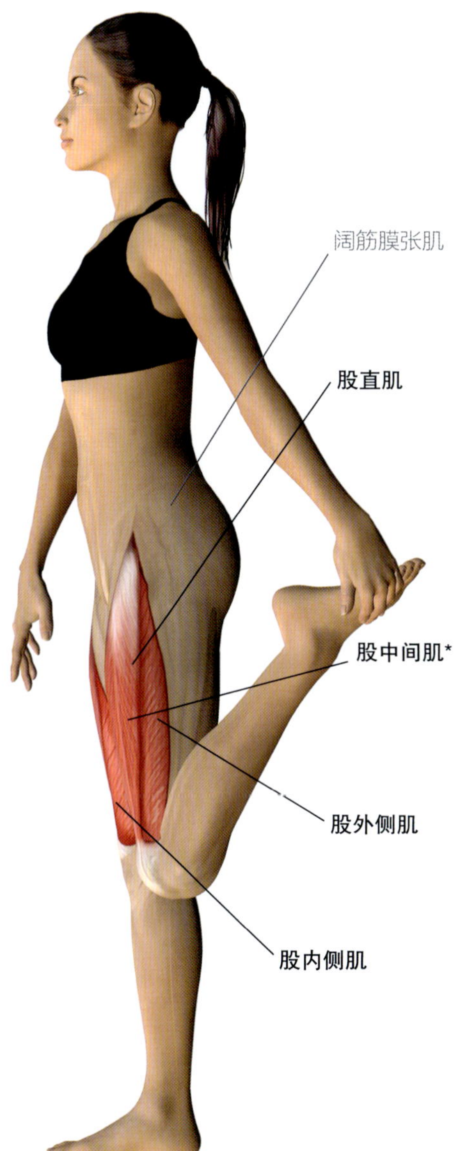

锻炼目标

- 四头肌

级别

- 初级练习者

益处

- 有助于提高大腿肌肉的柔韧性

如果你有下列问题，不建议做此项练习

- 膝盖问题

正确做法

- 双膝放松并拢

避免

- 胸部前倾

解析关键

粗体字代表此动作锻炼的目标肌肉

灰色字代表运动到的其他肌肉

*代表深层肌肉

立式腘绳肌伸展

❶ 直立站好，一条腿膝盖弯曲，另一条腿向前伸，脚跟着地。

前视图

最佳锻炼部位

- 股二头肌
- 半腱肌
- 半膜肌

后视图

正确做法

- 保持位于前侧的那条腿直
- 伸展的时候钩紧位于前侧的那只脚

锻炼目标

- 腘绳肌

级别

- 初级练习者

益处

- 有助于提高腘绳肌的柔韧性

如果你有下列问题，不建议做此项练习

- 腰背部问题
- 膝盖问题

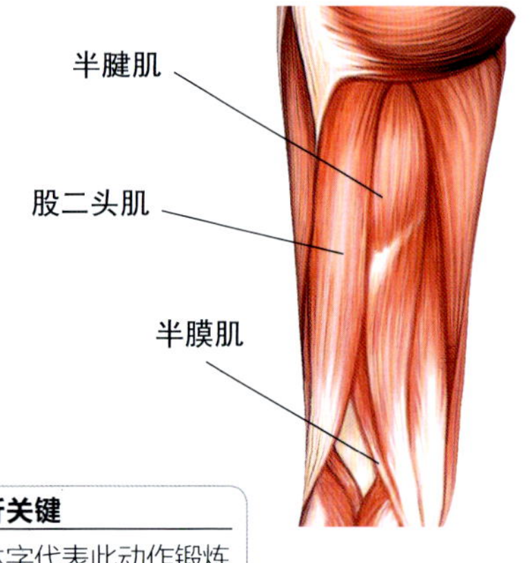

❷ 上身前倾，两手伏在前伸的那条腿上，将身体的重心主要放在前伸的腿上，直到你能感受到大腿后侧有明显的拉伸感。动作保持30秒。

❸ 重复另一侧的动作。试着在每一侧将动作组重复3次。

解析关键

粗体字代表此动作锻炼的目标肌肉

灰色字代表运动到的其他肌肉

*代表深层肌肉

避免

- 弓背或身体呈弧形
- 耸肩

立式小腿肌伸展

❶ 直立站好，一条腿向前伸，弯曲膝盖。伸直背部，上身前倾，两手放在前侧大腿的膝盖上。

❷ 将身体的重心主要放在前脚的脚后跟上，直到你能感受到后腿小腿肌肉的拉伸感。动作保持30秒。

❸ 重复另一侧的动作。试着在每一侧将动作组重复3次。

最佳锻炼部位

- 腓肠肌

锻炼目标

- 小腿肌肉

级别

- 中级学者

益处

- 有助于提高小腿肌肉的柔韧性

如果你有下列问题，不建议做此项练习

- 膝盖问题

正确做法

- 双脚平放在地面上
- 伸展后腿、脊柱，使得后腿和脊柱形成两条平行的垂直线

避免

- 脚后跟上提，离开地面
- 弓背或身体呈弧形

解析关键

粗体字代表此动作锻炼的目标肌肉

灰色字代表运动到的其他肌肉

斜体字代表肌腱

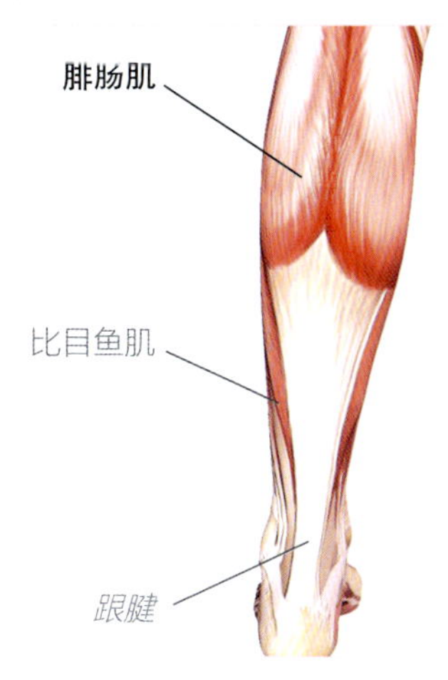

婴儿式

1 双膝着地跪在垫子上，使你的臀部位于双膝的正上方。两腿并拢，两脚大母趾贴在一起。

2 向后坐下，臀部放在脚后跟上，双膝分开，与胯同宽。

最佳锻炼部位

- 背阔肌
- 斜方肌
- 三角肌前束
- 三角肌后束
- 菱形肌
- 大圆肌
- 前锯肌
- 臀大肌
- 竖脊肌
- 腰方肌

正确做法

- 背部呈穹形

锻炼目标

- 腰背部

级别

- 初级练习者

益处

- 伸展、放松背部

如果你有下列问题，不建议做此项练习

- 膝盖损伤

3 胸部向下贴近大腿，两手向头部前方伸展，伸长颈部和脊柱以及尾骨。

4 前额贴在垫子上，动作保持30秒至3分钟。

避免

- 过快地做这个练习。可以花几分钟时间让你的身体适应这种完全的拉伸
- 紧压你的脖颈

夹肌*
三角肌后束
小圆肌
大圆肌
竖脊肌*
腰方肌*

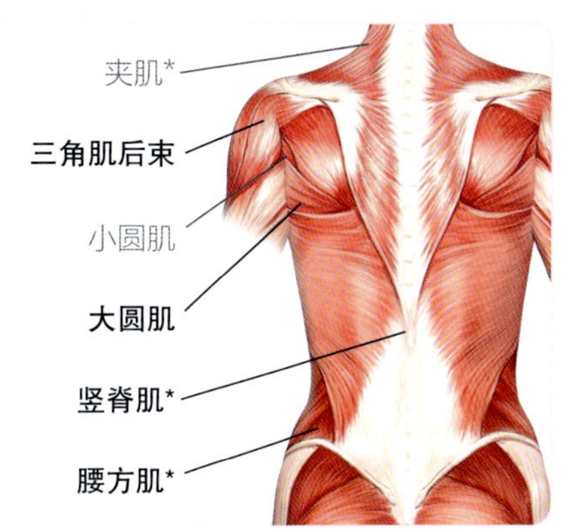

解析关键

粗体字代表此动作锻炼的目标肌肉

灰色字代表运动到的其他肌肉

*代表深层肌肉

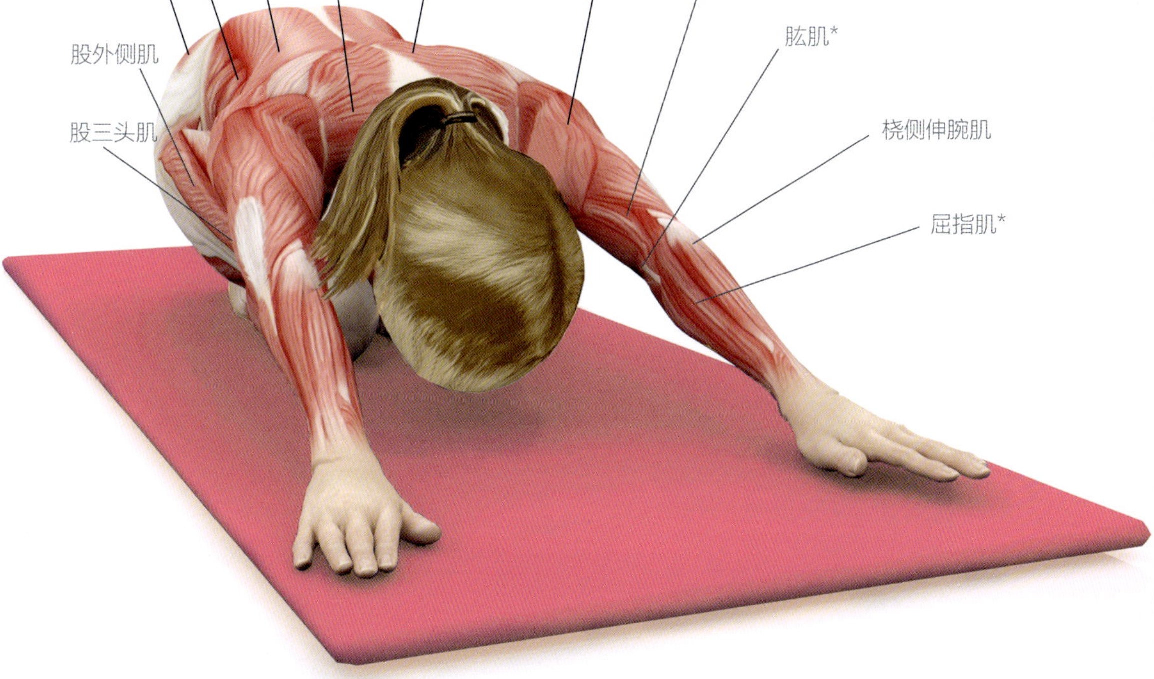

斜方肌
菱形肌*
背阔肌
三角肌前束
前锯肌
臀大肌
股外侧肌
股三头肌
肱三头肌
肱肌*
桡侧伸腕肌
屈指肌*

上身练习

哪个女人不想拥有纤细的手臂？紧实的手臂能让你看起来更加的年轻，更加的健美。活动手臂的时候也不会看到乱晃的赘肉。为了塑造优美的手臂曲线，让你可以穿上惹火的无袖上衣和无袖连衣裙，上身练习可着重对三角肌、肱二头肌以及肱三头肌进行锻炼。同时上身练习还包括众多上身肌肉，尤其是上背部以及胸部肌肉的其他练习。上背部练习有助于颈部与肩部的塑形，同时帮你消耗囤积在背部、环绕在内衣之下的厚厚的脂肪。胸部练习着重于训练胸部肌肉（胸大肌和胸小肌）：类似胸部自然上提这样的动作能帮你塑造更加年轻完美的胸型。

凳上双臂屈伸

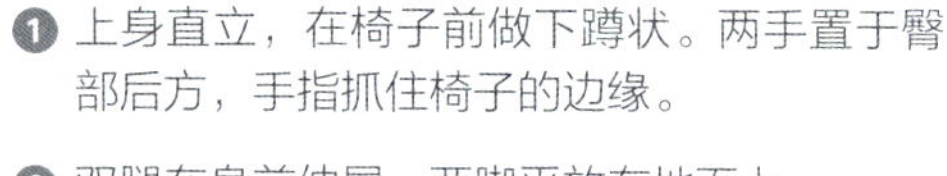

1 上身直立，在椅子前做下蹲状。两手置于臀部后方，手指抓住椅子的边缘。

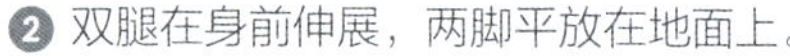

2 双腿在身前伸展，两脚平放在地面上。

3 双手握椅子边缘，直到你的膝盖位于双脚的正上方，你的躯干靠近椅子。

正确做法

- 身体靠近椅子
- 在运动的过程中脊柱保持中立

锻炼目标

- 三头肌
- 肩膀和核心肌群的稳定性

级别

- 中级练习者

益处

- 伸展肩胛带
- 训练双腿和双臂运动时躯干的稳定性

如果你有下列问题，不建议做此项练习

- 肩部疼痛
- 手腕疼痛

4 手肘弯曲，置于身后，两手肘不要向外打开。身体向下，直到你的手肘呈90度角。

5 向下按压椅子，身体向上移动，回到准备动作的位置。重复15次，整个动作组做两次。

最佳锻炼部位

- 三角肌后束
- 肱三头肌
- 胸大肌
- 胸小肌
- 背阔肌
- 腹直肌

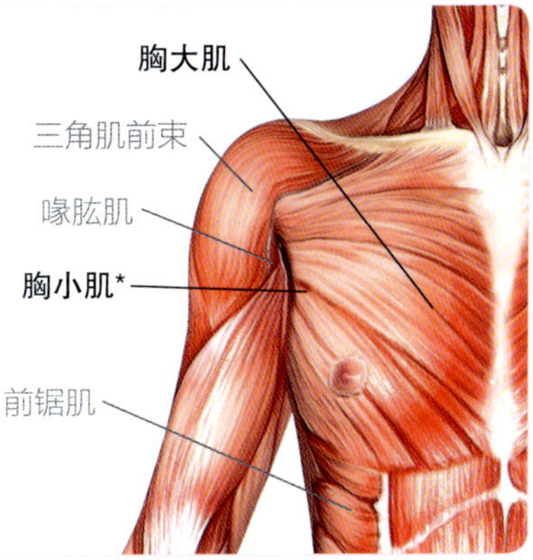

三角肌后束
肱三头肌
背阔肌
腹直肌
腹外斜肌
腹横肌*
臀大肌

胸大肌
三角肌前束
喙肱肌
胸小肌*
前锯肌

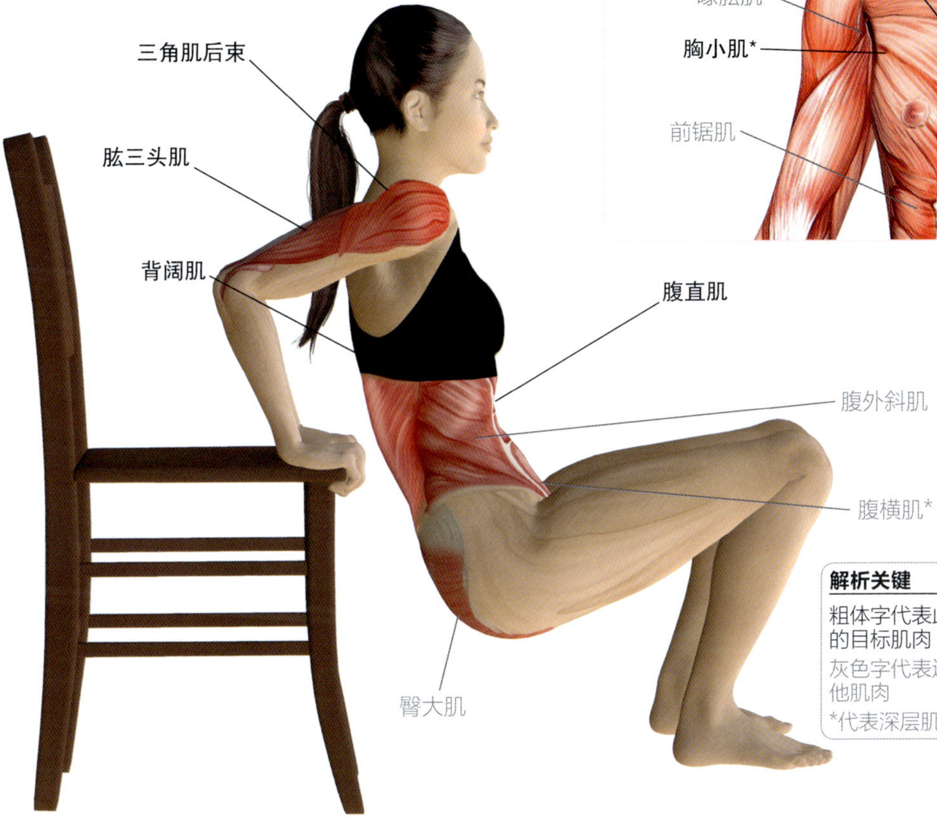

解析关键

粗体字代表此动作锻炼的目标肌肉

灰色字代表运动到的其他肌肉

*代表深层肌肉

变化练习

难度加大：弯曲双膝，一只脚伸直，与地面平行。每一侧动作重复15次。

避免

- 肩部上提，贴近耳朵
- 两脚移动
- 背部朝臀部的方向弯曲
- 借助脚的力量而非手臂的力量上移身体

凳上腹肌收缩

❶ 坐在椅子上，双手握住椅子边缘，两臂伸直。

❷ 双脚向前迈一小步，使你的膝盖微微弯曲，臀部上提，离开椅子面。臀部和膝盖呈90度角。

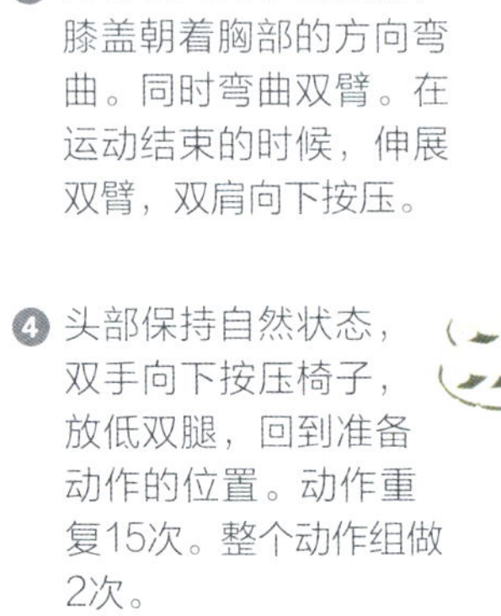

正确做法

- 在运动的过程中，躯干保持中立
- 双膝并拢，踝关节并拢
- 身体紧贴凳子

避免

- 肩部上提，贴近耳朵

锻炼目标

- 肩膀
- 前臂
- 腹肌

级别

- 高级练习者

益处

- 伸展上半身
- 提高肩部的稳定性

如果你有下列问题，不建议做此项练习

- 肩部受伤
- 颈部受伤

❸ 尾骨朝向椅子的前侧，膝盖朝着胸部的方向弯曲。同时弯曲双臂。在运动结束的时候，伸展双臂，双肩向下按压。

❹ 头部保持自然状态，双手向下按压椅子，放低双腿，回到准备动作的位置。动作重复15次。整个动作组做2次。

解析关键

粗体字代表此动作锻炼的目标肌肉

灰色字代表运动到的其他肌肉

*代表深层肌肉

最佳锻炼部位

- 肱三头肌
- 三角肌前束
- 三角肌中束
- 三角肌后束
- 冈下肌
- 冈上肌
- 小圆肌
- 肩胛下肌
- 髂腰肌
- 股薄肌
- 腹直肌
- 腹横肌

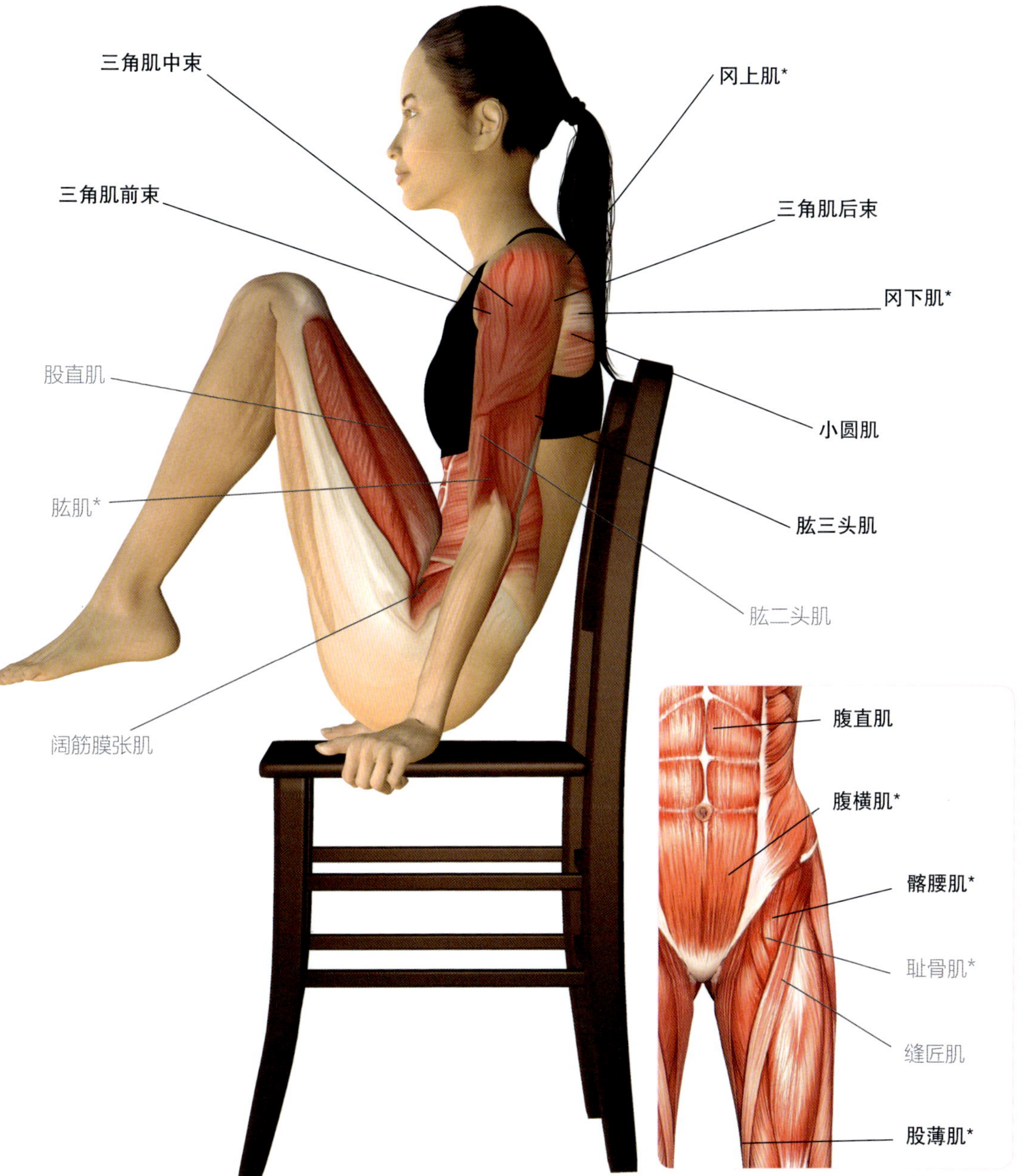

过头上推

❶ 直立站好一只腿向前跨一步，脚后跟离地。将弹力带放在脚下。两手手握手柄，手臂弯曲，拉紧弹力带。

❷ 伸直双臂，举过头顶，双肩向前打开。

锻炼目标

- 肩膀
- 三头肌

级别

- 初级练习者

益处

- 强健肩膀，紧实前臂

如果你有下列问题，不建议做此项练习

- 肩部问题

❸ 收回手臂，回到准备动作的位置，重复动作。每一组重复15次，整个动作组重复3次。

正确做法

- 向上伸直双臂的时候身体的其他部分保持不动
- 在整个运动过程中，目光直视前方
- 收紧腹肌

避免

- 扭动躯干

最佳锻炼部位

- 三角肌前束
- 肱三头肌

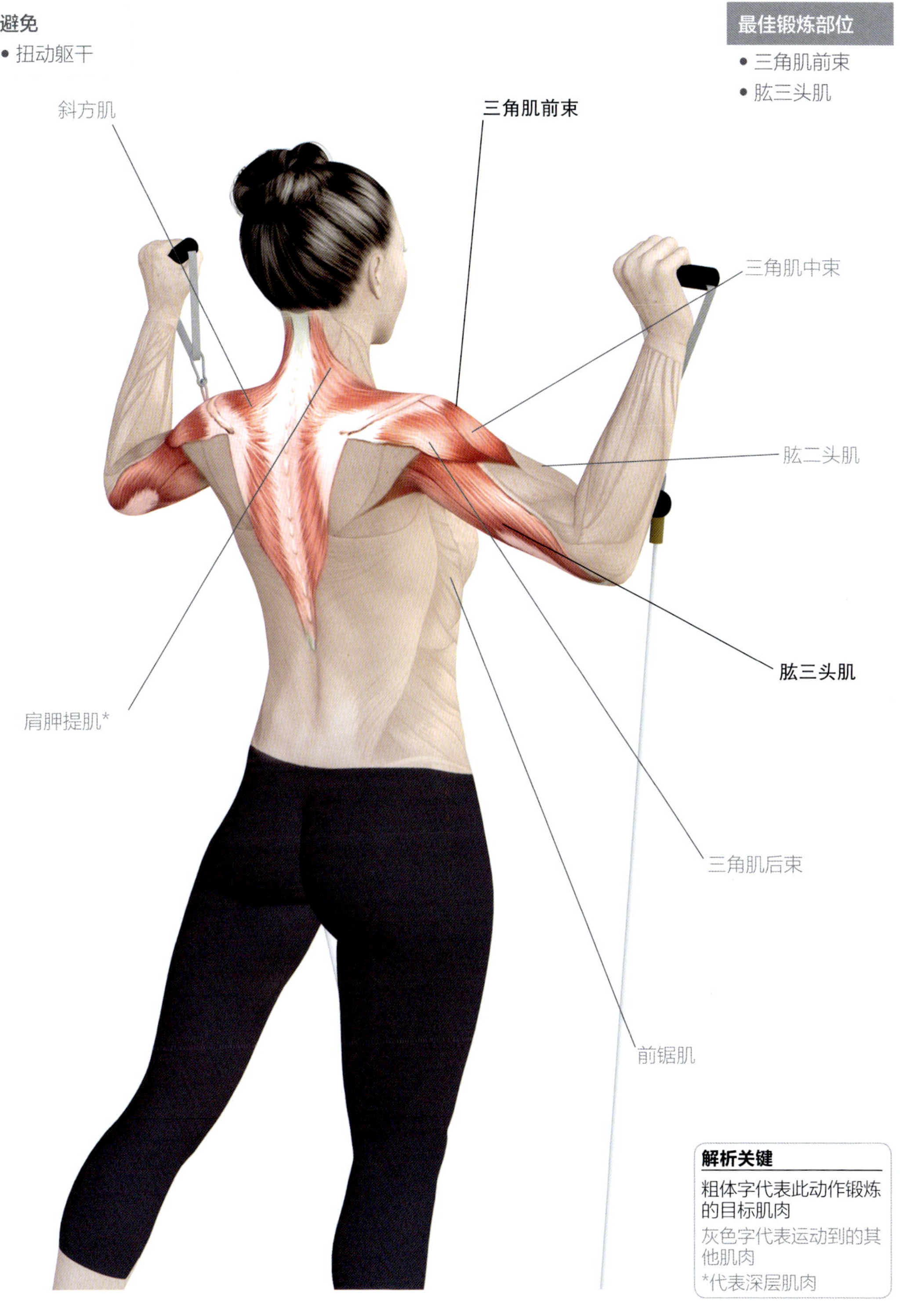

解析关键

粗体字代表此动作锻炼的目标肌肉

灰色字代表运动到的其他肌肉

*代表深层肌肉

交替推胸

❶ 将弹力带固定在一个例如柱子一样稳定的物体上。背对着固定物站好，两手手握弹力带的两段，置于胸前。

避免

- 扭动躯干
- 耸肩

❷ 向前伸出一只手臂，到完全锁定位置，另一只手臂保持稳定不动。

❸ 控制你的身体，将手臂向后收，回到准备动作的位置，伸出另一只手臂。每一组动作中每一只手臂伸展15次，做三组。

锻炼目标

- 胸部
- 核心肌群
- 肩膀
- 三头肌

级别

- 初级练习者

益处

- 紧实胸部肌肉

如果你有下列问题，不建议做此项练习

- 肩部问题

正确做法

- 一只手臂伸展的时候另一只尽量不动
- 保持躯干稳定
- 伸展双臂的时候两脚不抬离地面
- 在整个运动的过程中收紧腹肌
- 两臂与肩齐平

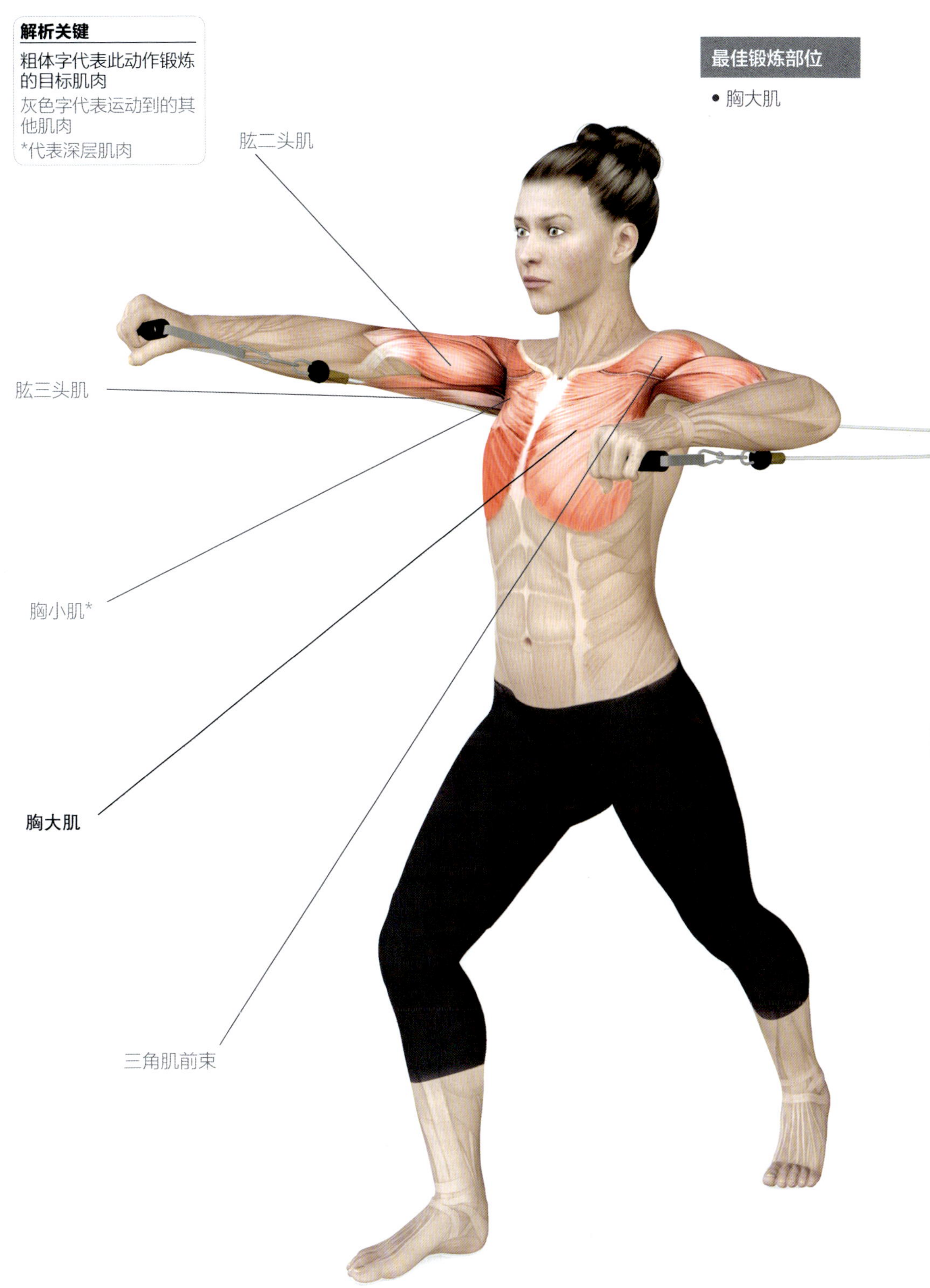
解析关键
粗体字代表此动作锻炼的目标肌肉
灰色字代表运动到的其他肌肉
*代表深层肌肉
最佳锻炼部位
• 胸大肌
肱二头肌
肱三头肌
胸小肌*
胸大肌
三角肌前束

直立扩胸

1. 将弹力带固定在一个例如柱子一样稳定的物体上。直立站好，两脚打开，与肩同宽。双膝微微弯曲。两手手握弹力带手柄，伸展双臂，尽量与肩膀同高，拉紧弹力带。

最佳锻炼部位

- 胸大肌

2. 控制你的身体，慢慢地将两臂向外打开。
3. 回到准备动作的位置。一组动作重复15次。完成3个动作组。

锻炼目标

- 背部
- 胸部
- 上背部

级别

- 初级练习者

益处

- 紧实肩部和上背部肌肉

如果你有下列问题，不建议做此项练习

- 腰背部问题
- 肩膀疼痛

正确做法

- 双臂与地面平行
- 后背保持平直，躯干保持稳定
- 在整个运动的过程中收紧腹肌
- 两臂同时运动

解析关键

粗体字代表此动作锻炼的目标肌肉
灰色字代表运动到的其他肌肉
*代表深层肌肉

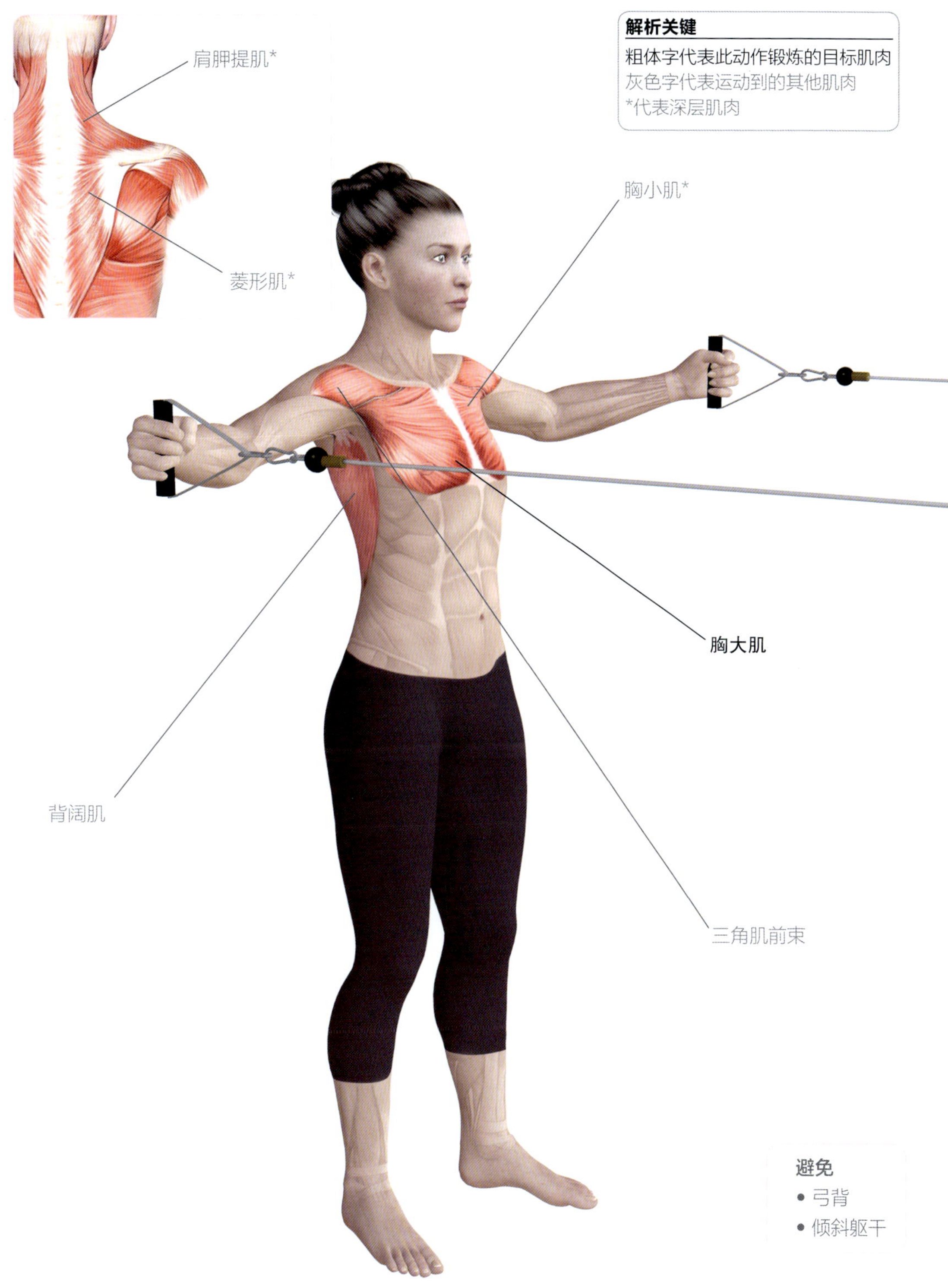

避免

- 弓背
- 倾斜躯干

上平板式

1. 坐在地板上，两腿伸直，两手手掌放在地板上。

正确做法

- 借助腘绳肌和肩部的力量来打开髋部和胸部，而不能过分伸展背部。如果你的腘绳肌的力量比较弱，在上提臀部的时候两腿微微弯曲。
- 平稳呼吸，利用呼吸来帮助上背部完成更好的伸展。

2. 双手向后移动，移至臀部后方几英寸的地方。手指直向方。
3. 将双膝朝着胸部的方向拉伸。两脚脚后跟放在地面上离臀部约12英寸的地方。两脚大脚趾向内收。

锻炼目标

- 上背部
- 前臂
- 肩膀
- 胸部
- 腘绳肌

级别

- 初级练习者

益处

- 强健肩膀、脊柱、手臂
- 伸展臀部和胸部肌肉

如果你有下列问题，不建议做此项练习

- 颈部损伤
- 手腕损伤

4. 呼气，向下按压双手、双脚。向上提臀，直到你的后背和大腿与地面平行。此时你的双肩应该位于你手腕的正上方。
5. 同时伸直双腿，臀部保持不动。
6. 胸部上提，两肩向后并拢。抬高臀部，背部呈一定的弧度。
7. 慢慢拉伸你的颈部，头部微微向后。
8. 动作保持30秒，然后慢慢地回到坐姿。

最佳锻炼部位

- 三角肌中束
- 三角肌前束
- 三角肌后束
- 肱三头肌
- 大圆肌
- 小圆肌
- 竖脊肌
- 臀大肌
- 臀中肌
- 大收肌
- 股二头肌
- 胸大肌

避免

- 为了上提臀部而挤压臀部
- 借助臀部的力量保持身体平衡
- 让你的臀部下凹

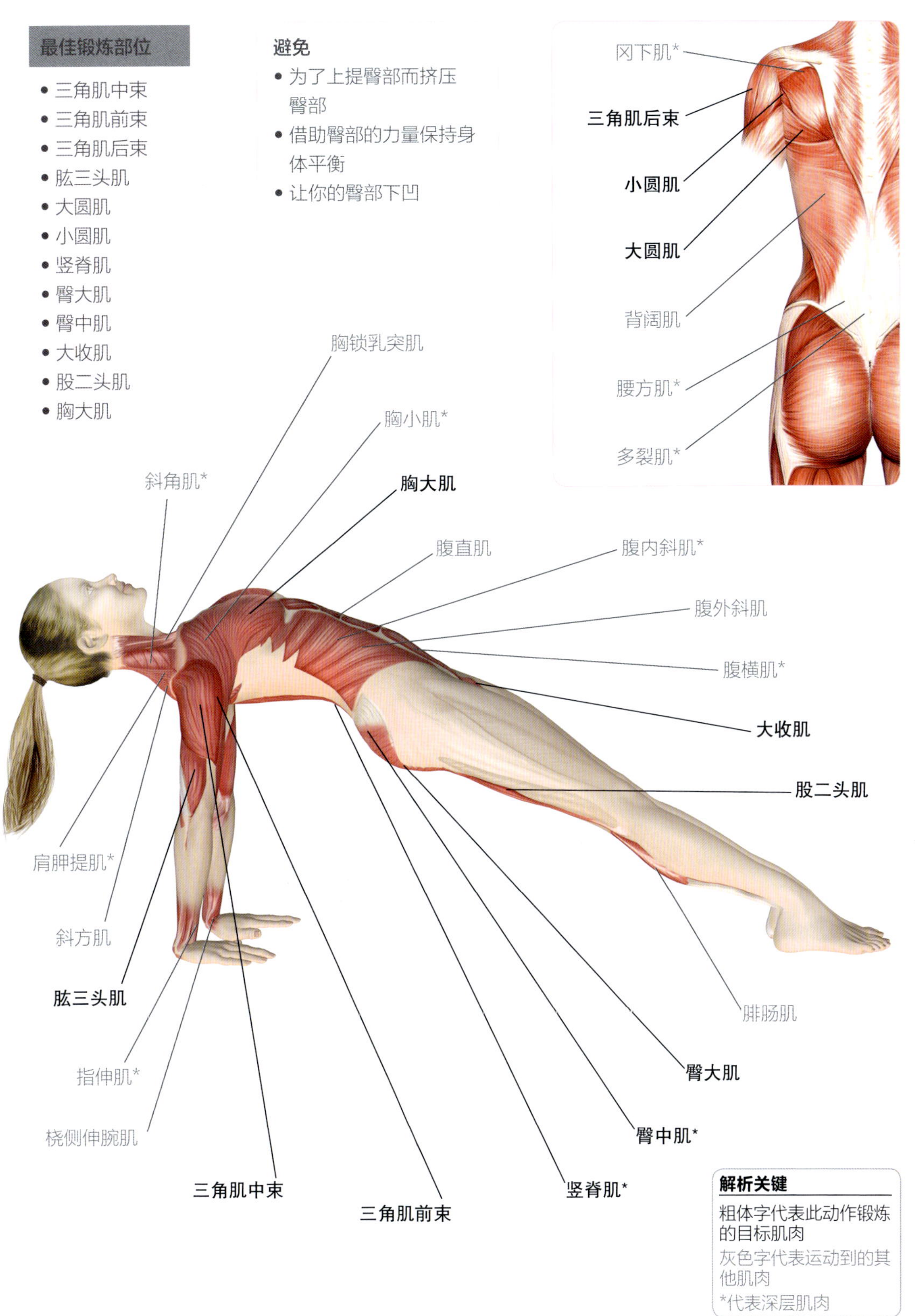

解析关键

粗体字代表此动作锻炼的目标肌肉

灰色字代表运动到的其他肌肉

*代表深层肌肉

平衡球屈臂上拉

❶ 躺在平衡球上，利用平衡球支撑你的上背部、颈部以及头部。伸展你的身体，拉伸你的躯干。双膝弯曲，与地面呈90度，两脚打开，比肩略宽，平放在地面上。两手手握哑铃，向上伸直。

避免

- 手臂向头后伸展的时候锁臂
- 弓背
- 动作完成地过快

最佳锻炼部位

- 背阔肌

❷ 身体的其他部分保持稳定，两臂上举，直到它们与你的身体垂直。

❸ 两臂回到准备动作的位置。重复动作。一组重复15次。完成3组动作。

锻炼目标

- 上背部
- 核心肌群

级别

- 中级练习者

益处

- 强健上背部
- 强健核心肌群

如果你有下列问题，不建议做此项练习

- 肩部问题

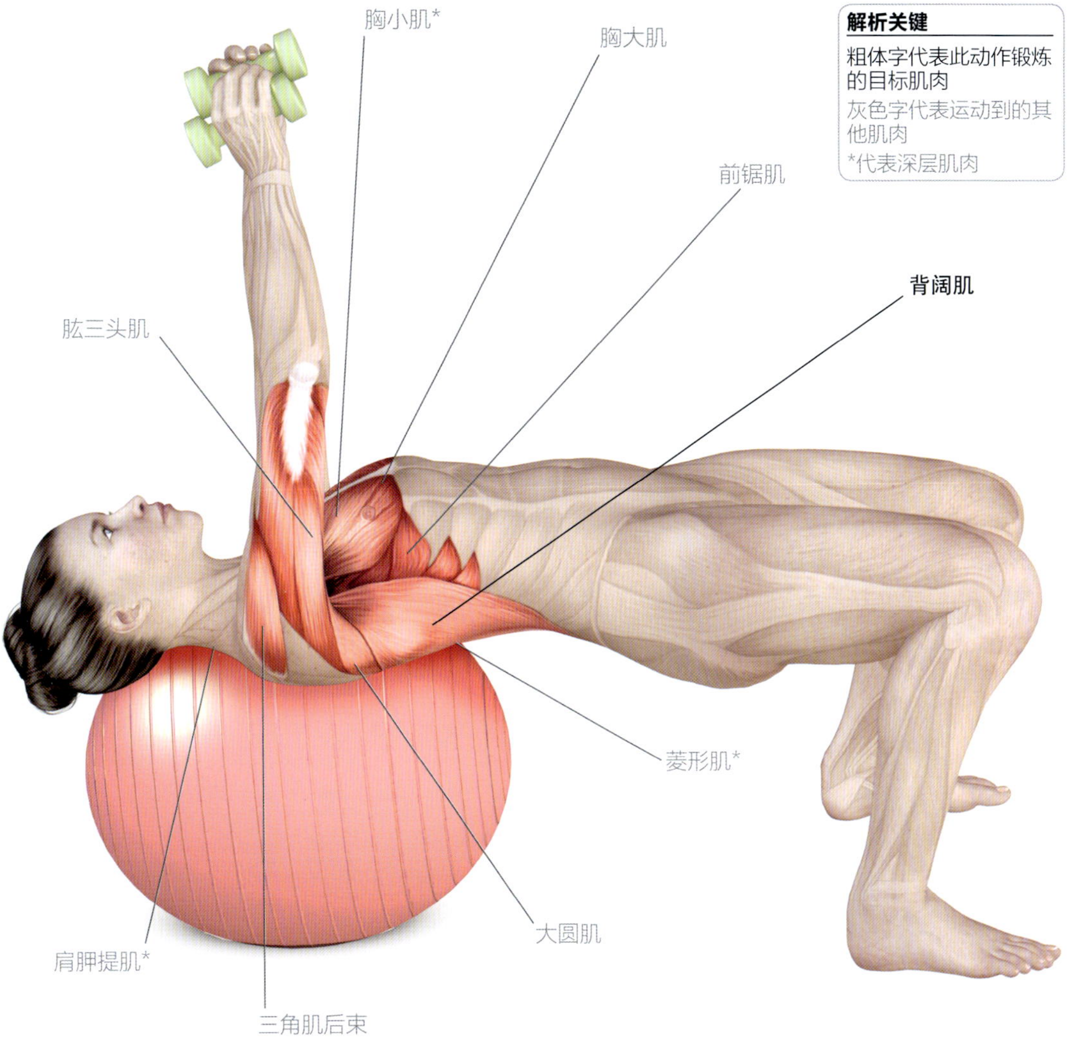

平衡球屈臂上拉・上身练习

解析关键

粗体字代表此动作锻炼的目标肌肉

灰色字代表运动到的其他肌肉

*代表深层肌肉

胸小肌*

胸大肌

前锯肌

背阔肌

肱三头肌

菱形肌*

大圆肌

肩胛提肌*

三角肌后束

正确做法

- 在运动的时候身体放松
- 上举哑铃的时候，手臂位于双肩的正上方
- 在整个运动的过程中，保持躯干的稳定，两脚平放在地面上
- 拉伸你的腹肌
- 臀部和骨盆保持上提，从而使你的大腿、躯干以及颈部形成一条直线
- 控制你的身体，平稳地移动你的手臂

变化练习

同级：不使用哑铃，在做这个练习的时候手握健身实心球。

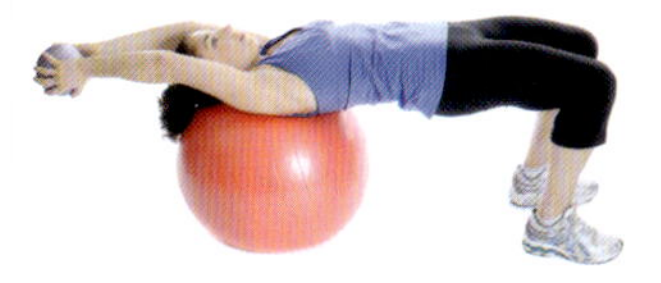

平衡球上肱三头肌伸展

❶ 躺在平衡球上，利用平衡球支撑你的上背部、颈部以及头部。伸展你的身体，拉伸你的躯干。双膝弯曲，与地面呈90度，两脚打开，比肩略宽，平放在地面上。两手手握哑铃，向上伸直。

正确做法

- 保持前臂的稳定性，两手手肘不超过肩膀
- 在整个运动的过程中，保持躯干的稳定，两脚平放在地面上
- 拉伸你的腹肌
- 臀部和骨盆保持上提，从而使你的大腿、躯干以及颈部形成一条直线
- 控制你的身体，平稳地移动你的手臂

最佳锻炼部位

- 肱三头肌

锻炼目标

- 肱三头肌

级别

- 中级练习者

益处

- 强健、紧实肱三头肌

如果你有下列问题，不建议做此项练习

- 手肘疼痛

❷ 弯曲手肘，哑铃朝头部方向下降。

❸ 向上伸直双臂，回到准备动作的位置，重复练习。一组重复15次。完成3组动作。

避免
- 弓背
- 手肘向外打开
- 摇晃哑铃，尤其是当哑铃靠近头部的时候

解析关键

粗体字代表此动作锻炼的目标肌肉

灰色字代表运动到的其他肌肉

*代表深层肌肉

尺侧腕屈肌
桡侧腕屈肌

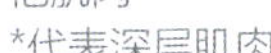

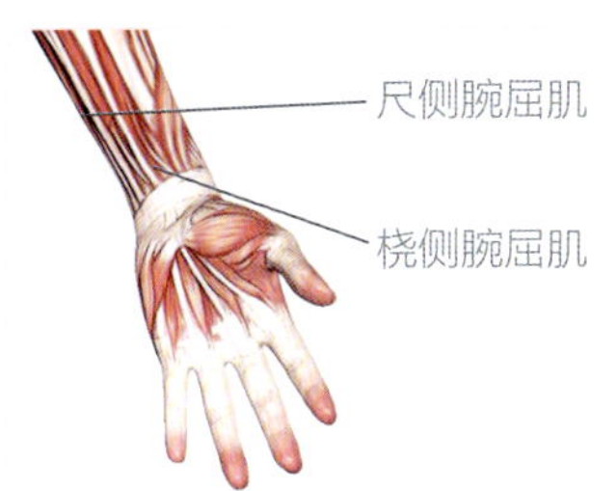

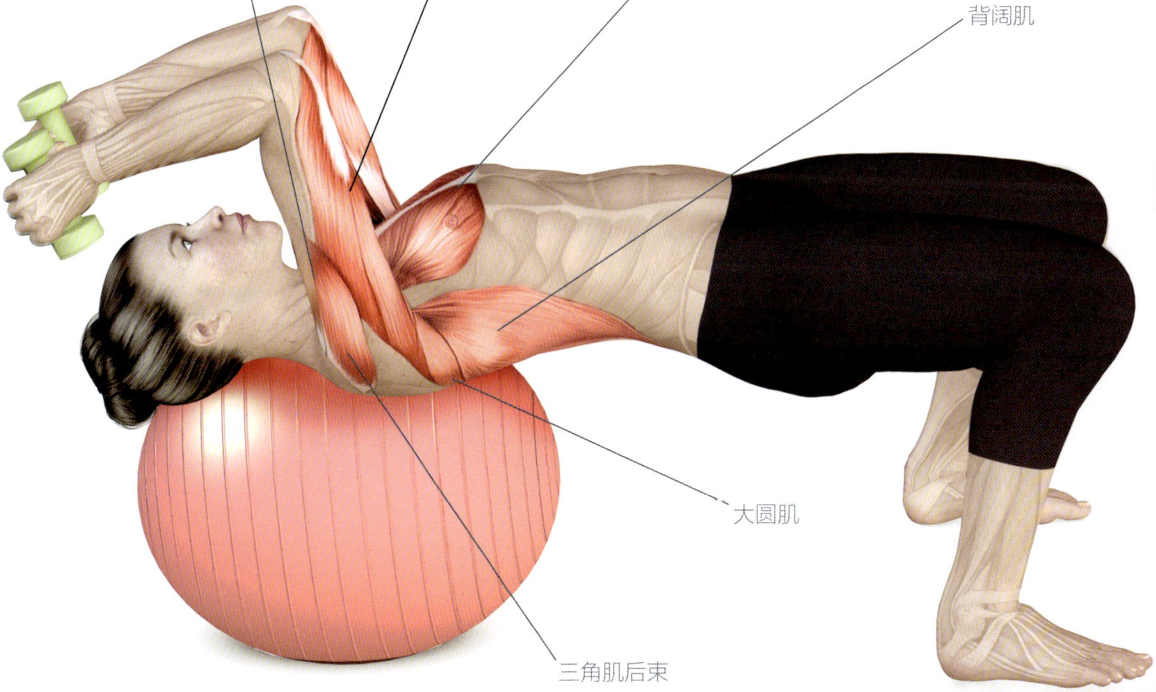

肱三头肌
三角肌前束
胸大肌
背阔肌
大圆肌
三角肌后束

平衡球上扩胸

❶ 躺在平衡球上，利用平衡球支撑你的上背部、颈部以及头部。伸展你的身体，拉伸你的躯干。双膝弯曲，与地面呈90度，两脚打开，比肩略宽，平放在地面上。两手手握哑铃，向上伸直。

正确做法

- 上举哑铃的时候，手臂位于双肩的正上方
- 在整个运动的过程中，保持躯干的稳定，两脚平放在地面上
- 拉伸你的腹肌
- 臀部和骨盆保持上提，从而使你的大腿、躯干以及颈部形成一条直线。
- 控制你的身体，平稳地移动你的手臂

避免

- 弓背
- 手臂摇晃

锻炼目标

- 胸部

级别

- 初级练习者

益处

- 强健胸部肌肉

如果你有下列问题，不建议做此项练习

- 肩部问题

❷ 身体的其他部分保持稳定，两臂向身体两侧打开。

❸ 两臂回到准备动作的位置。重复动作。一组重复15次。完成3组动作。

变化练习

同级：不使用哑铃，而是将弹力带放在平衡球下方，双手握手柄。在运动的过程中伸张双臂，拉紧弹力带。

最佳锻炼部位

- 胸大肌
- 胸小肌

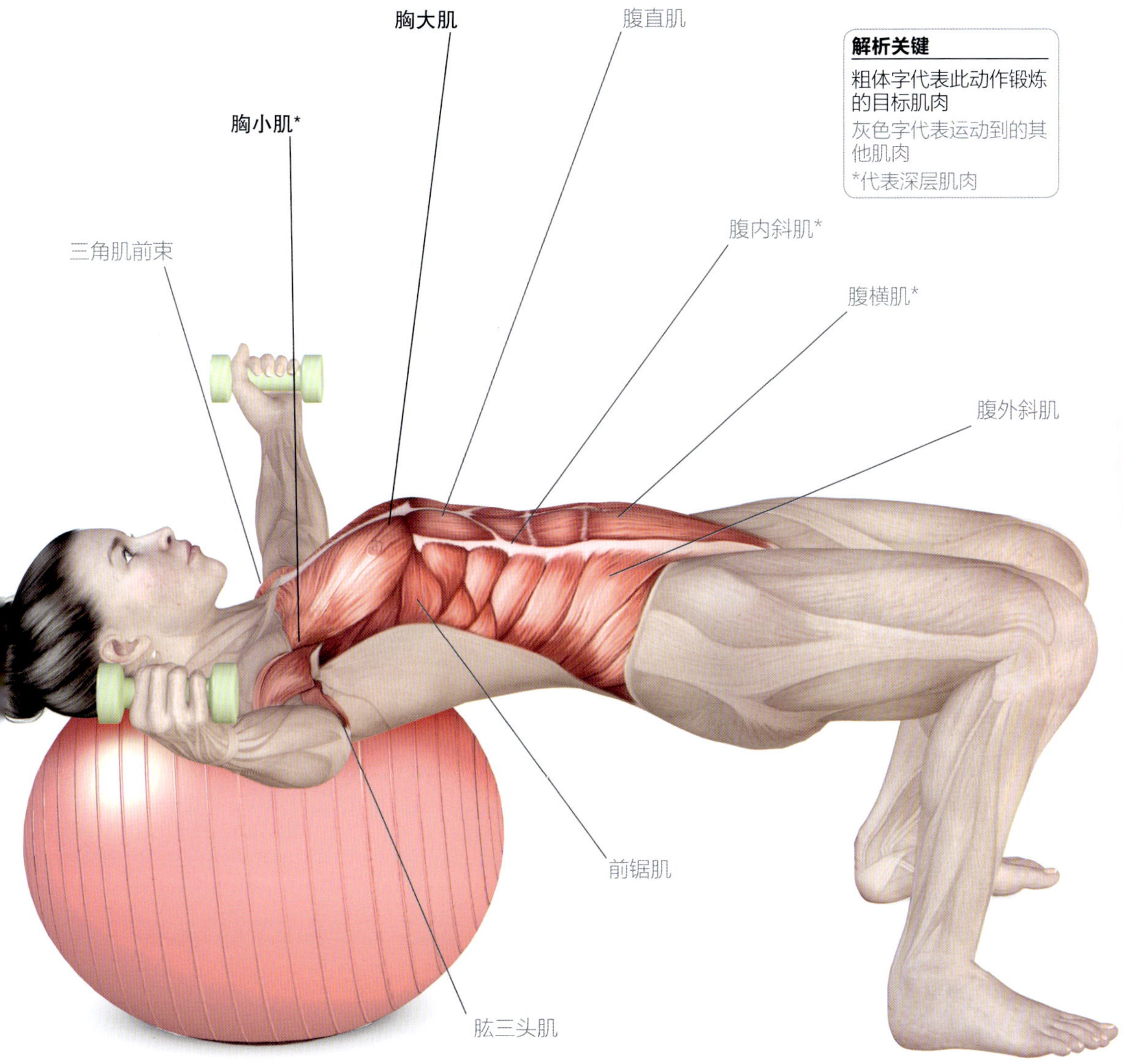

解析关键

粗体字代表此动作锻炼的目标肌肉

灰色字代表运动到的其他肌肉

*代表深层肌肉

俯卧撑

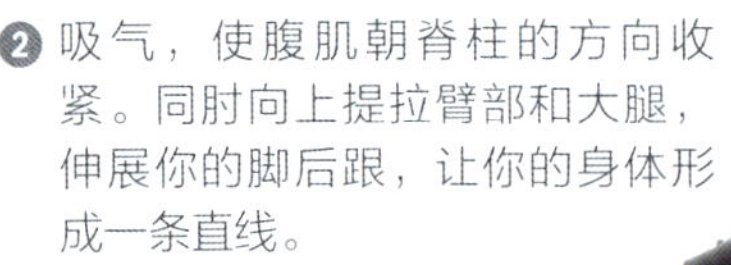

❶ 身体呈站立姿势，双臂撑地，两手位于双肩的正下方，做平板支撑状。

❷ 吸气，使腹肌朝脊柱的方向收紧。同时向上提拉臂部和大腿，伸展你的脚后跟，让你的身体形成一条直线。

❸ 弯曲手肘的同时呼气再吸气。身体朝着地面方向下降。

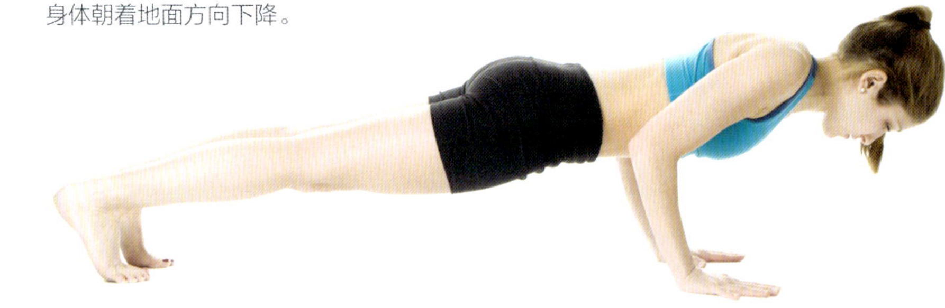

锻炼目标

- 胸部
- 上臂

级别

- 初级练习者

益处

- 提高核心肌群、肩部、背部、臀部以及胸部肌肉的稳定性

如果你有下列问题，不建议做此项练习

- 肩部问题
- 手腕疼痛
- 腰背部疼痛

❹ 双手上撑，回到平板支撑的姿势。两手手肘贴近身体。动作重复8次。

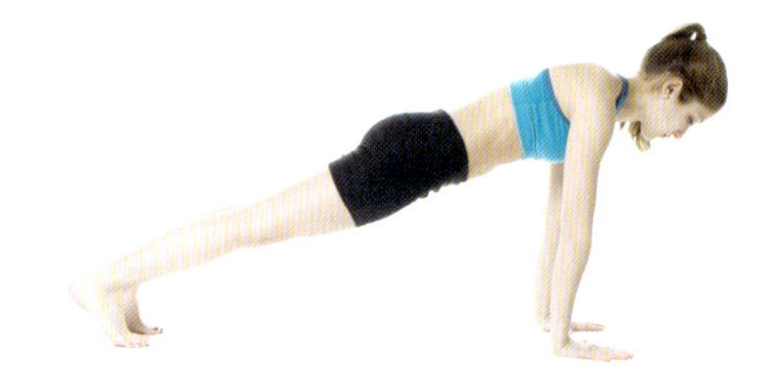

❺ 上提臀部的时候吸气，然后两手朝双脚的方向后移。慢慢地呼气，身体上移，呈锥形。回到准备动作的位置。整套动作重复3次。

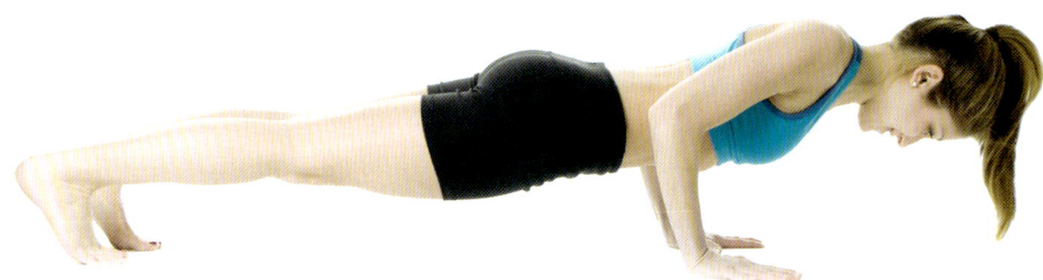

正确做法

- 在运动过程中颈部保持放松，尽可能地向前伸展
- 收紧腹部肌肉的时候挤压你的臀部，以保持身体的稳定

避免

- 肩膀上提，贴近耳朵

胸大肌
三角肌前束
胸小肌*
喙肱肌*
肱二头肌

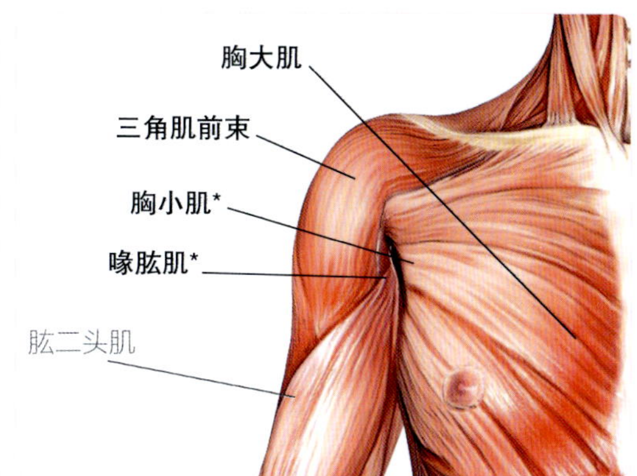

最佳锻炼部位

- 肱三头肌
- 胸大肌
- 胸小肌
- 喙肱肌
- 三角肌前束
- 腹直肌
- 腹横肌
- 腹外斜肌
- 腹内斜肌
- 斜方肌

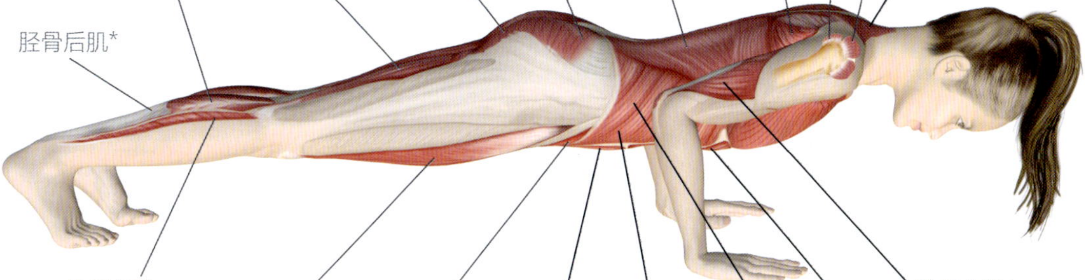

大圆肌
背阔肌
冈下肌*
臀中肌*
冈上肌*
臀大肌
斜方肌
股二头肌
腓肠肌
胫骨后肌*
比目鱼肌
股直肌
髂腰肌*
肱三头肌*
腹直肌
腹外斜肌
腹横肌*
腹内斜肌*

解析关键

粗体字代表此动作锻炼的目标肌肉

灰色字代表运动到的其他肌肉

*代表深层肌肉

俯卧上提躯干

❶ 俯卧在地板上，弯曲手肘，两手平放胸部两侧的地板上。两手手肘朝着身体方向收紧。两腿分开，与胯同宽，伸直包括脚趾在内的整条腿。前脚接触地面。

❷ 吸气。双手、双脚按压地面。将躯干和臀部上提离开地面。拉紧大腿肌肉，朝耻骨方向收紧尾椎骨。

❸ 前胸上提充分地伸展你的手臂，背部与躯干呈弧形，两臂下沉向后压，颈部伸长，头微抬，目光凝视上方。

❹ 动作保持15到30秒，呼气、放松身体、慢慢落回地面。

锻炼目标

- 上背部
- 腰背部
- 前臂
- 臀部肌肉

级别

- 初级练习者

益处

- 强健脊椎、手臂以及手腕
- 强健胸部肌肉和腹部肌肉
- 改善体形

如果你有下列问题，不建议做此项练习

- 背部损伤
- 手腕损伤或腕管综合征

正确做法

- 伸长双臂和双腿，做到完全的伸展
- 确保你的手腕位于肩膀的正下方，这样你的腰背部不会成受过大的压力

俯卧上提躯干·上身练习

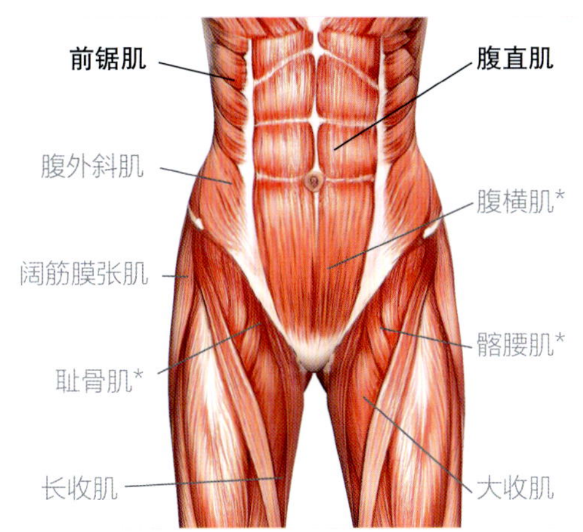

避免

- 肩膀上提，贴近耳朵
- 手肘超过膝盖
- 胸部肋骨向外凸
- 大腿接触地板

最佳锻炼部位

- 菱形肌
- 大圆肌
- 小圆肌
- 斜方肌
- 背阔肌
- 竖脊肌
- 腰方肌
- 臀大肌
- 胸大肌
- 前锯肌
- 腹直肌
- 肱三头肌

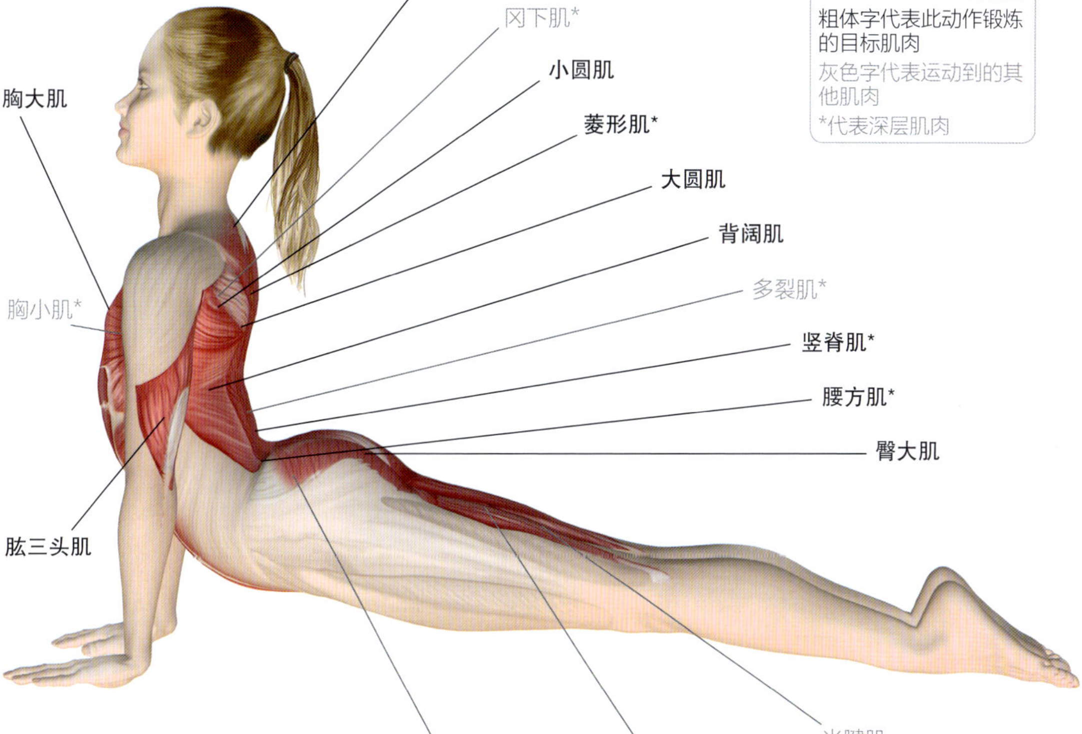

斜方肌
冈下肌*
小圆肌
菱形肌*
大圆肌
背阔肌
多裂肌*
竖脊肌*
腰方肌*
臀大肌
胸大肌
胸小肌*
肱三头肌
臀中肌*
股二头肌
半腱肌

解析关键

粗体字代表此动作锻炼的目标肌肉

灰色字代表运动到的其他肌肉

*代表深层肌肉

哑铃垂直划船

后视图

❶ 直立站好，双脚打开与肩同宽。两手手握哑铃，放在大腿前侧。

❷ 上提哑铃的同时弯曲手肘，使手肘与肩同高。

❸ 慢慢地将哑铃放回到准备动作的位置。重复动作，一组重复15次。完成 3组动作。

锻炼目标

- 肩膀
- 上背部

级别

- 初级练习者

益处

- 强健上背部和肩部的肌肉

如果你有下列问题，不建议做此项练习

- 肩部问题
- 网球肘

避免

- 晃动哑铃，相反，你应该控制你的身体，慢慢地移动哑铃
- 弓背或上身前倾

正确做法

- 躯干保持稳定，后背保持挺直，收紧腹肌
- 肘部牵引身体

解析关键

粗体字代表此动作锻炼的目标肌肉

灰色字代表运动到的其他肌肉

*代表深层肌肉

三角肌中束

三角肌后束

菱形肌*

斜方肌

三角肌前束

肱二头肌

最佳锻炼部位

- 斜方肌

旋转哑铃二头肌弯举

❶ 直立站好，双脚打开，与肩同宽，双膝微微弯曲。两手手握哑铃，双臂下垂，放在身体两侧，手掌指向前方。

❷ 控制你的身体，慢慢地弯曲双臂，将哑铃举过肩膀。

❸ 当你开始放低一只手臂的时候，举起另外一只，然后重复动作。继续交换双手，每只手臂做15次，完成3组动作。

锻炼目标

- 二头肌

级别

- 初级练习者

益处

- 强健上臂肌肉

如果你有下列问题，不建议做此项练习

- 腰背部问题

正确做法

- 在运动的过程中双膝放松
- 目光直视前方
- 一只手臂运动的时候另一只固定不动
- 躯干保持挺直

解析关键

粗体字代表此动作锻炼的目标肌肉

灰色字代表运动到的其他肌肉

*代表深层肌肉

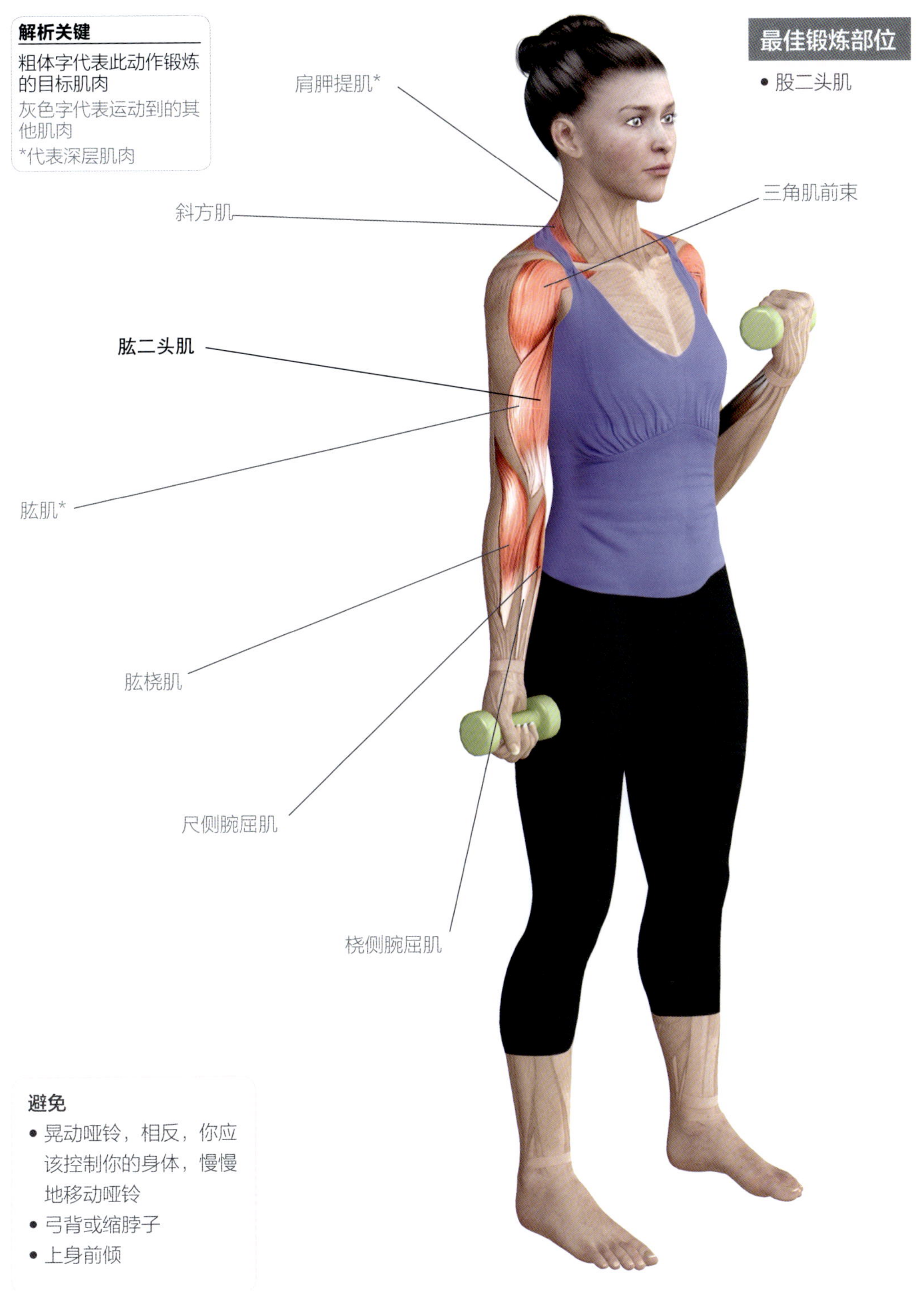

避免

- 晃动哑铃，相反，你应该控制你的身体，慢慢地移动哑铃
- 弓背或缩脖子
- 上身前倾

核心肌肉练习

光滑紧实的腹部和完美的腰部曲线是女性之美中最主要的特征，我们中的大多数人在开始健身的时候都是抱着一个这样目的，想要锻炼出完美的腰腹部。但是，强健、稳定的腹部核心肌群不只会让你看起来更加健康、更加性感。毫不夸张地说，核心肌肉练习是你锻炼的中心，它决定了你锻炼的效果如何。你能想象到的你身体所做出的每一个动作都源于核心肌群，当你的核心肌群得到锻炼，你就不容易在运动中受伤，而且不仅你的身体素质可以得到提高，你的不良姿势也能得到矫正，核心肌肉练习可以帮助你的身体从内到外得到锻炼。核心肌群是你身体的力量源泉，不论你是在抱小孩、提购物袋还是在做提、弯、拿等日常负重活动的时候，核心肌群都在努力地工作着。下面这些练习的主要训练目标便是你的核心肌群，核心肌群包括腹肌、腹斜肌以及支持脊柱的肌肉。

卷腹

❶ 平躺在地板上，双膝弯曲，两手交叉放在头后。

❷ 两手手肘向外打开，收紧你的腹肌，躯干向前，完成卷腹的动作。

❸ 慢慢地回到准备动作的位置，重复15次，整个动作组做2次。

锻炼目标

- 腹肌

级别

- 初级练习者

益处

- 伸直躯干
- 提高盆骨和核心肌群的稳定性

如果你有下列问题，不建议做此项练习

- 背部疼痛
- 颈部疼痛

变化练习

难度加大：平躺在地板上，双腿向外伸展，双臂上举，过头顶。不需要上提双腿，控制你的身体，将双臂和躯干向上提拉。上身继续向前弯曲，直到你的双手能握住双脚。

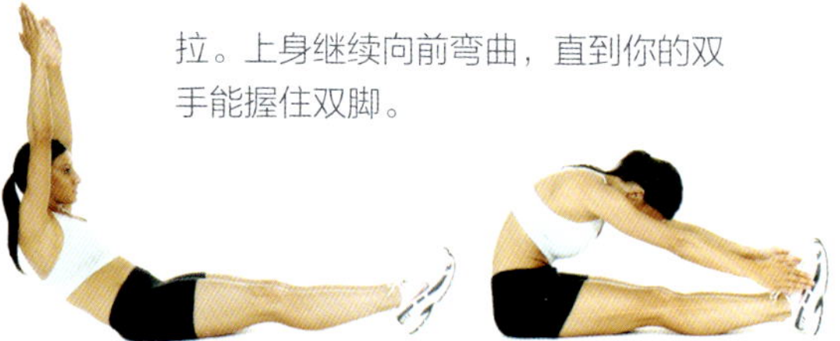

卷腹·核心肌肉练习

正确做法

- 借助肩膀和腰腹部的力量来完成动作
- 在卷腹的时候骨盆保持放松
- 下巴略微收紧，眼睛看大腿内侧

避免

- 拉伸脖子
- 臀部向地板倾斜

胸锁乳突肌
斜方肌
斜角肌*
胸小肌*
三角肌前束
肱二头肌
胸大肌

最佳锻炼部位

- 腹直肌
- 腹内斜肌
- 腹外斜肌
- 腹横肌

解析关键

粗体字代表此动作锻炼的目标肌肉

灰色字代表运动到的其他肌肉

*代表深层肌肉

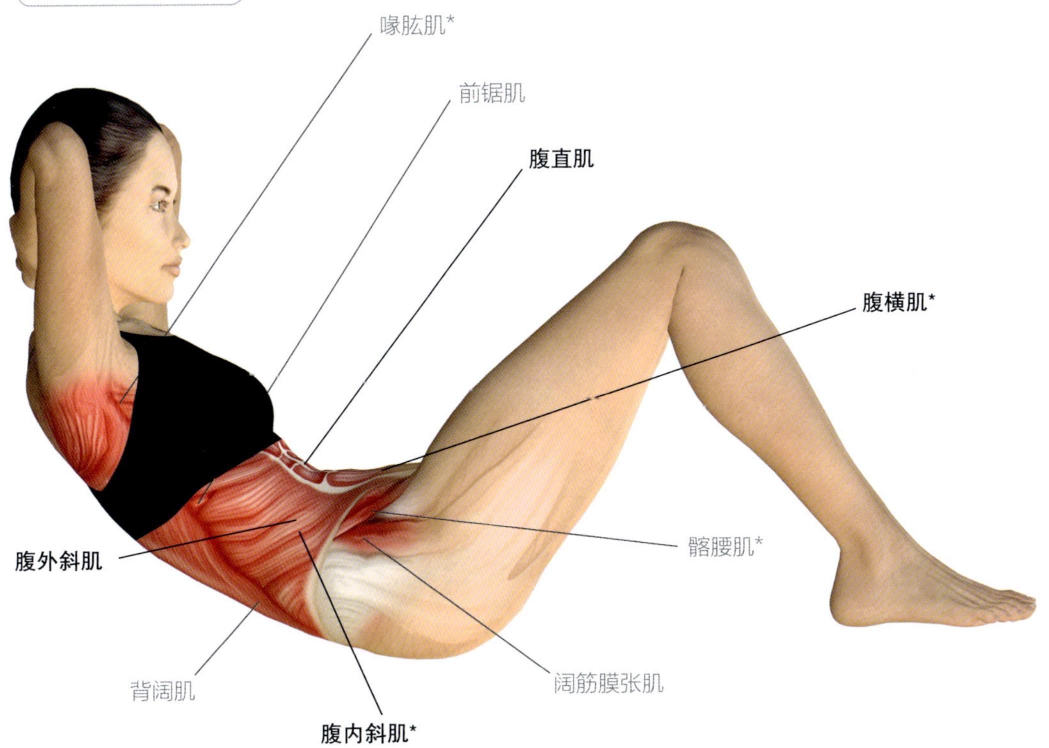

半卷腹

❶ 平躺在地板上，双膝弯曲，两臂平放在身体两侧。两腿挤压，两脚平放在地板上。

避免

- 脖子太向前伸
- 两脚抬离地面
- 上身上卷幅度过大

锻炼目标

- 上腹肌

级别

- 初级练习者

益处

- 强健核心肌群
- 增强腹肌的持久力

如果你有下列问题，不建议做此项练习

- 颈部问题

❷ 利用腹肌的力量将你的上背部和肩膀向上卷。两臂与地面平行，腰背部保持齐平。

❸ 动作保持10秒。回到准备动作的位置，动作重复10次。

正确做法

- 双臂与地面平行

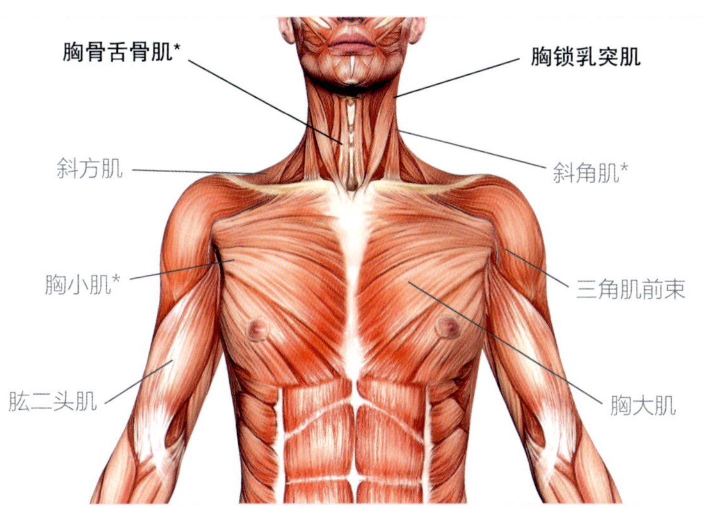

最佳锻炼部位

- 腹直肌
- 背阔肌
- 胸大肌
- 胸骨舌骨肌
- 胸锁乳突肌
- 三角肌中束
- 肱二头肌
- 肱三头肌

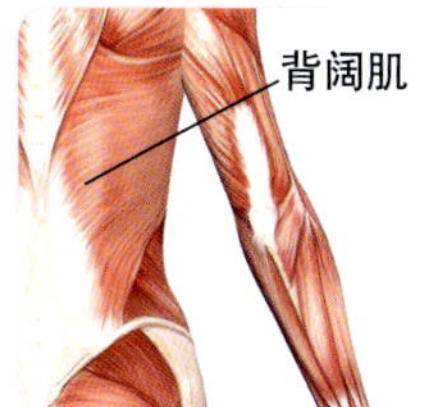

解析关键

粗体字代表此动作锻炼的目标肌肉

灰色字代表运动到的其他肌肉

*代表深层肌肉

三角肌中束

腹直肌

胸大肌

腹外斜肌

肱桡肌

指伸肌*

夹肌*

肱二头肌

肱三头肌

坐式俄罗斯扭转

❶ 坐下，双腿弯曲，两脚平放在地面上。双臂向前伸直。背部微微倾斜，运动到你的核心肌群。

正确做法

- 控制你的身体，平稳地完成动作
- 扭转身体的时候背部保持平直
- 两脚放在地面上
- 伸直双臂

避免

- 扭转速度过快
- 扭转的过程中双脚或双膝同时向身体一侧扭转

锻炼目标

- 背部
- 腹斜肌
- 前臂

级别

- 中级练习者

益处

- 强健核心肌群

如果你有下列问题，不建议做此项练习

- 腰背部疼痛

❷ 上身慢慢地向一侧扭转，然后回到中心。然后身体向另一侧慢慢扭转。

❸ 回到重心，扭转动作重复20次。整个动作组做3次。

最佳锻炼部位

- 腹直肌
- 腹外斜肌
- 腹内斜肌
- 竖脊肌
- 腹横肌

坐式俄罗斯扭转 · 核心肌肉练习

解析关键

粗体字代表此动作锻炼的目标肌肉

灰色字代表运动到的其他肌肉

*代表深层肌肉

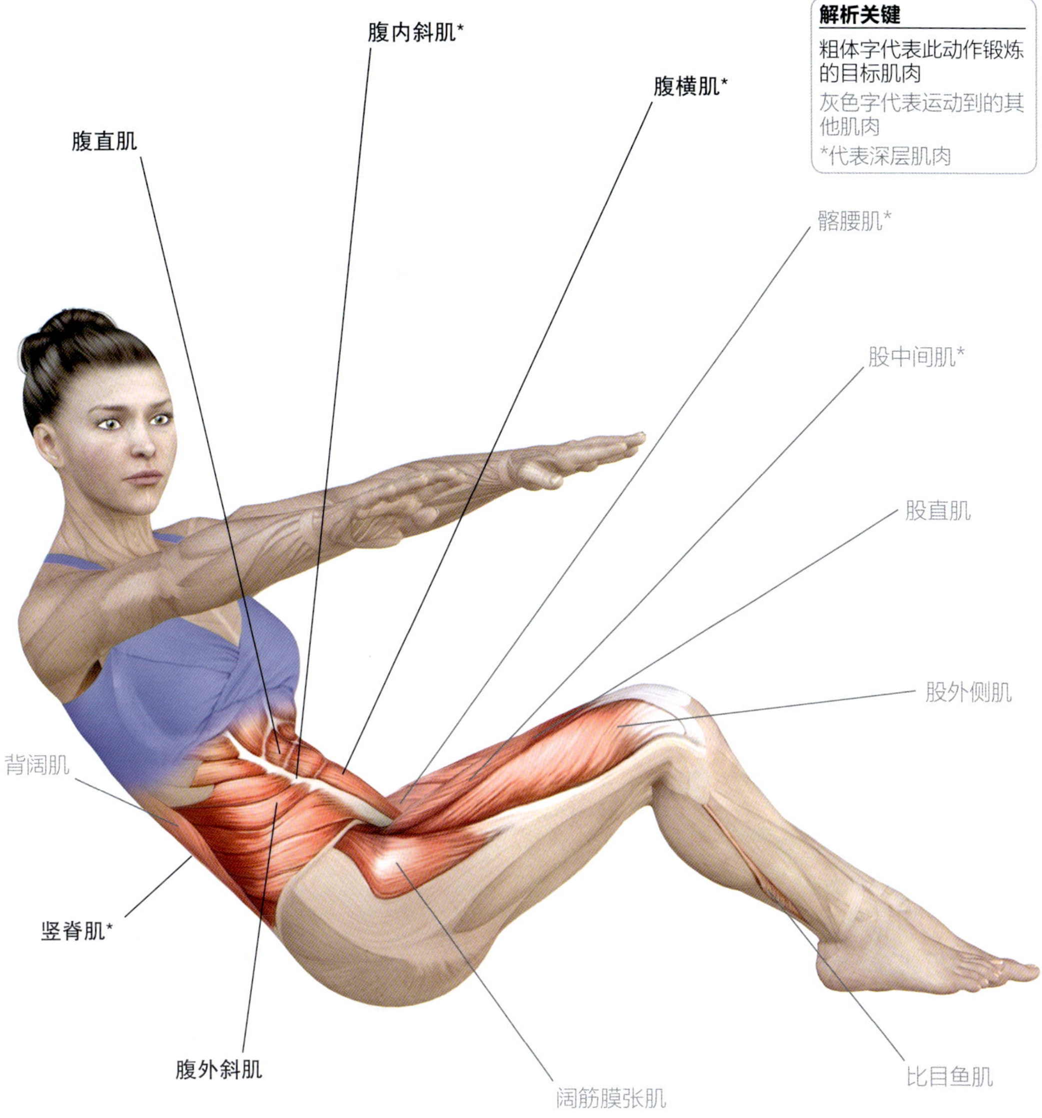

腹内斜肌*

腹横肌*

腹直肌

髂腰肌*

股中间肌*

股直肌

股外侧肌

背阔肌

竖脊肌*

腹外斜肌

阔筋膜张肌

比目鱼肌

变化练习

难度加大：扭转身体的时候手握健身实心球。

脊柱扭转

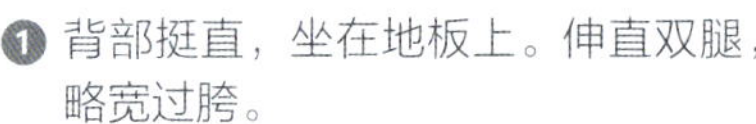

❶ 背部挺直，坐在地板上。伸直双腿，略宽过胯。

❷ 尽可能地上提脊柱。臀部下压地板。

避免

- 臀部上提，离开地面

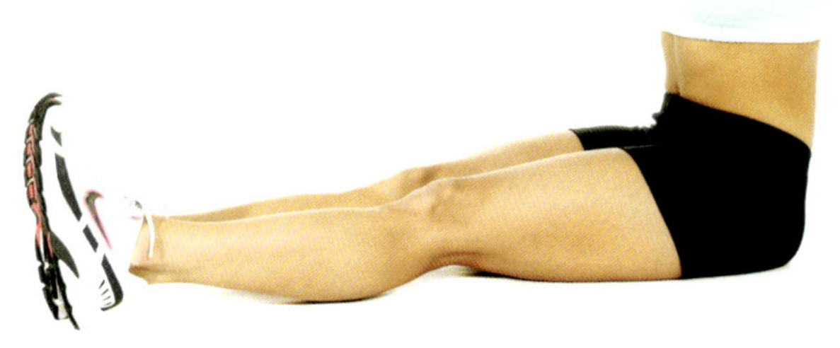

正确做法

- 沿着躯干的中轴线扭转身体
- 手臂保持与地面平行
- 背部保持挺直；如果你的腘绳肌绷得过紧，你可以坐直，将一块毛巾放在臀部下面，微微弯曲双膝。

锻炼目标

- 脊柱

级别

- 初级练习者

益处

- 有助于强健躯干，伸展身体

如果你有下列问题，不建议做此项练习

- 背部疼痛

❸ 臀部上提，拉伸小腹。腰扭向左边，臀部保持贴地。

❹ 慢慢地回到中心。

❺ 继续提拉臀部，向另一个方向扭转。

❻ 再次回到中心。每个方向重复3次。

最佳锻炼部位

- 腹横肌
- 腹外斜肌
- 股二头肌
- 臀大肌
- 阔筋膜张肌
- 背阔肌
- 大圆肌
- 腰方肌
- 三角肌后束
- 股直肌

解析关键

粗体字代表此动作锻炼的目标肌肉

灰色字代表运动到的其他肌肉

*代表深层肌肉

斜向侧转身

❶ 坐下，双膝弯曲，两臂向身体两侧伸展，与地面平行。

❷ 收紧腹肌，将你的肚脐向脊柱的方向拉伸，脊柱向上伸展。

❸ 向后滚动的同时躯干向一侧旋转。

❹ 脊柱保持弯曲，将躯干转回中心。

锻炼目标

- 脊柱

级别

- 高级练习者

益处

- 收紧腹斜肌和腹部肌肉

如果你有下列问题，不建议做此项练习

- 椎间盘突出

避免

- 颈部和肩部肌肉绷紧

❺ 向另一侧扭转身体，收紧腹肌。

❻ 转回中心，每一侧重复4～6次。

斜向侧转身·核心肌肉练习

正确做法

- 扭转身体的时候伸直双臂，利用手臂产生的反作用力来活动躯干
- 放松、拉伸颈部，防止颈部肌肉紧张
- 扭动身体的时候伸直脊柱

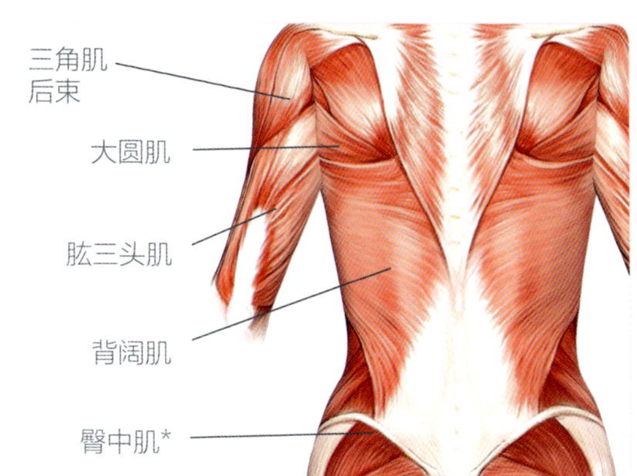

最佳锻炼部位

- 腹外斜肌
- 腹内斜肌
- 腹直肌
- 腹横肌

解析关键

粗体字代表此动作锻炼的目标肌肉
灰色字代表运动到的其他肌肉
*代表深层肌肉

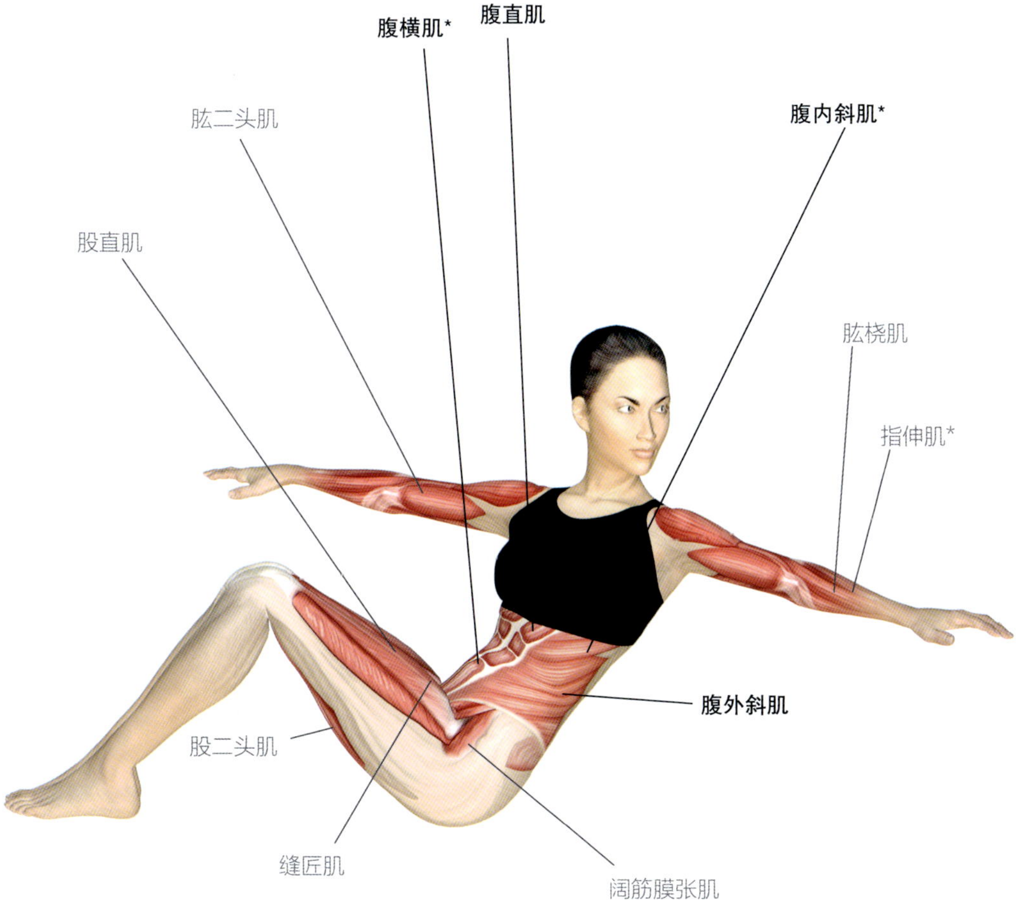

腹横肌*
腹直肌
肱二头肌
腹内斜肌*
股直肌
肱桡肌
指伸肌*
腹外斜肌
股二头肌
缝匠肌
阔筋膜张肌

仰躺脚踏

❶ 平躺在地板上，手指放在耳朵后面。手肘向外打开，双腿弯曲，呈90度角。

正确做法

- 利用核心肌群完成整个动作
- 手肘向外打开
- 双臀固定在地面上
- 伸直颈部

❷ 旋转脊柱，将一个手肘朝着对角线方向伸展。同时，另一条腿向前伸。

锻炼目标

- 腹斜肌
- 上腹肌

级别

- 中级练习者

益处

- 强健核心肌群
- 强健腹斜肌以及上腹部肌肉
- 有利于伸展臀部屈肌

如果你有下列问题，不建议做此项练习

- 颈部问题
- 腰背部疼痛

❸ 放松，重复另一侧的动作。交换双腿，每一侧动作重复15次。

最佳锻炼部位

- 腹直肌
- 腹外斜肌
- 腹内斜肌

仰躺脚踏·核心肌肉练习

变化练习

同级：在运动的过程中双脚弯曲。

避免

- 扭转速度过快
- 扭转的过程中双脚或双膝同时向身体一侧扭转

解析关键

粗体字代表此动作锻炼的目标肌肉

灰色字代表运动到的其他肌肉

*代表深层肌肉

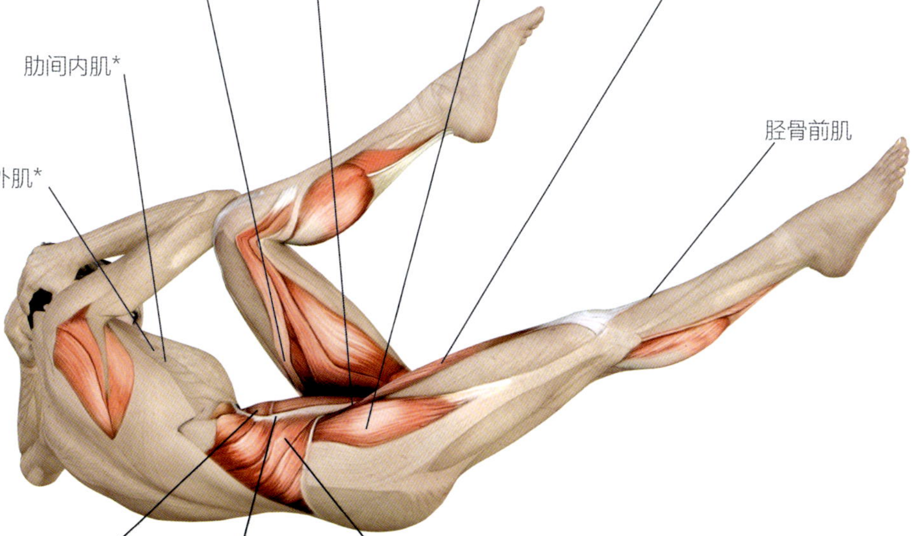

髂腰肌*

阔筋膜张肌

缝匠肌

股直肌

肋间内肌*

胫骨前肌

肋间外肌*

腹直肌

腹内斜肌*

腹外斜肌

变化练习

难度减小：开始的时候将一只脚放在地面上，将另一只脚放在大腿前侧靠近膝盖的位置。侧身的时候将两只手肘贴近膝盖。每一侧动作重复5次，完成另一侧的动作。

船式

❶ 坐下，两腿向前伸直。

❷ 背部微微前倾，弯曲双膝，双手放在臀部后侧，借助手的力量支撑身体。你的手指应该指向前方，挺直后背。

正确做法

- 伸直、放松颈部，减少上脊柱承受的压力
- 如果你不能伸直双腿，双膝微微弯曲，保持身体平衡

❸ 呼气，提起双脚，肩膀微微向后倾斜。在坐骨和尾椎骨之间找到你的平衡点。

❹ 慢慢地伸直双腿，使你的双腿和躯干形成45度夹角。钩紧脚趾，伸展双臂，与地面平行。

❺ 向脊柱方向收紧腹部肌肉，保持身体的稳定性。伸展双臂，拉长脖子。

❻ 动作保持10～20秒。

锻炼目标

- 腹肌
- 臀部屈肌

级别

- 高级练习者

益处

- 强健腹部肌肉、臀部屈肌、脊柱以及大腿
- 强健腘绳肌

如果你有下列问题，不建议做此项练习

- 颈部损伤
- 头痛
- 腰背部疼痛

船式·核心肌肉练习

最佳锻炼部位

- 腹直肌
- 腹内斜肌
- 腹外斜肌
- 髂腰肌
- 腹横肌
- 股中间肌
- 股直肌
- 竖脊肌

避免

- 躯干弯曲，这将使你的腰背部承受压力

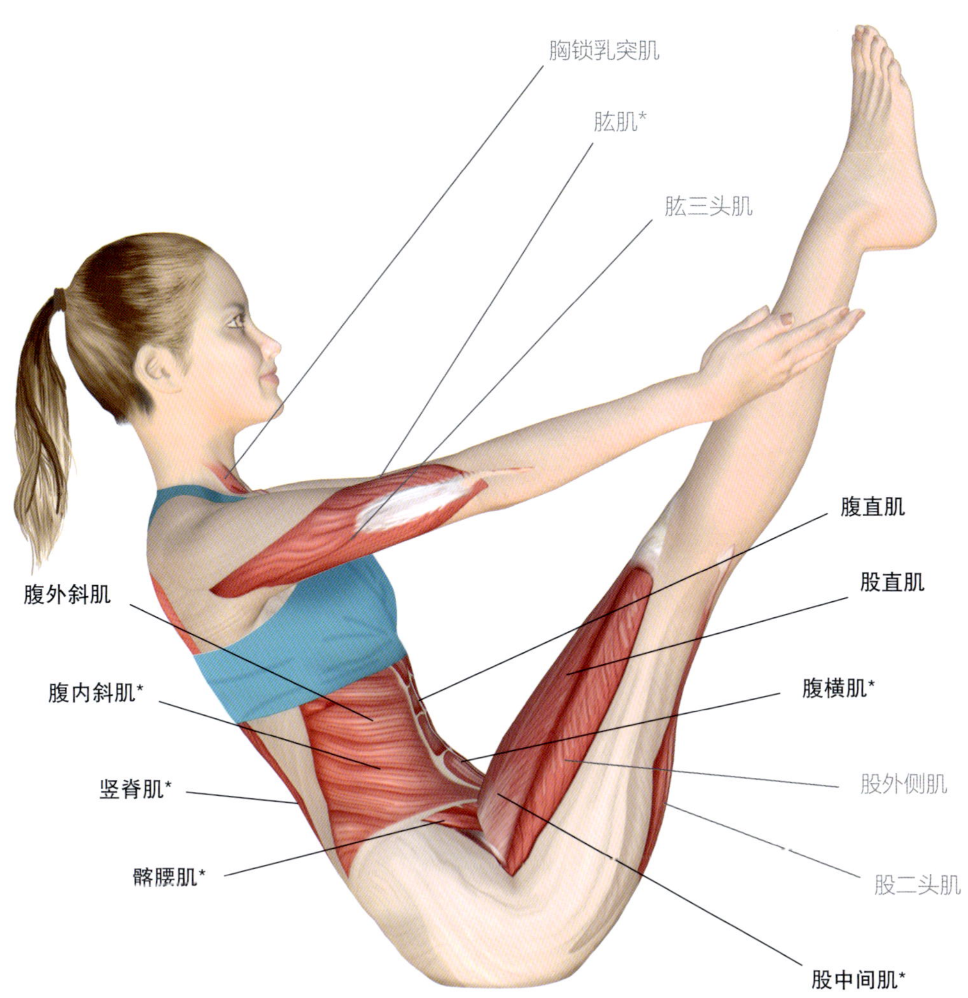

解析关键

粗体字代表此动作锻炼的目标肌肉
灰色字代表运动到的其他肌肉
*代表深层肌肉

V字形仰卧起坐

❶ 平躺在地板是，两腿上提，与地面之间有几英寸的距离。

❷ 吸气，双臂向上伸展，头部和肩部上提，离开地面。

避免

- 利用冲力来完成这个动作，相反，你应该利用腹肌的力量来上提双腿和躯干。

❸ 呼气，双腿继续伸直，双腿上提，与地面呈45度角。

正确做法

- 在上下移动躯干的时候脊柱保持挺直。
- 伸直、放松颈部，减少脊柱上端承受的压力

锻炼目标

- 腹肌

级别

- 高级练习者

益处

- 强健腹部肌肉
- 提高脊柱的柔韧性

如果你有下列问题，不建议做此项练习

- 严重的骨质疏松症
- 椎间盘突出

❹ 躯干上拉的时候，将位于坐骨之前的肋骨架抬离地面。

❺ 吸气，双手够脚趾，身体呈“C”形。呼气，慢慢放下脊柱。回到准备动作的位置。

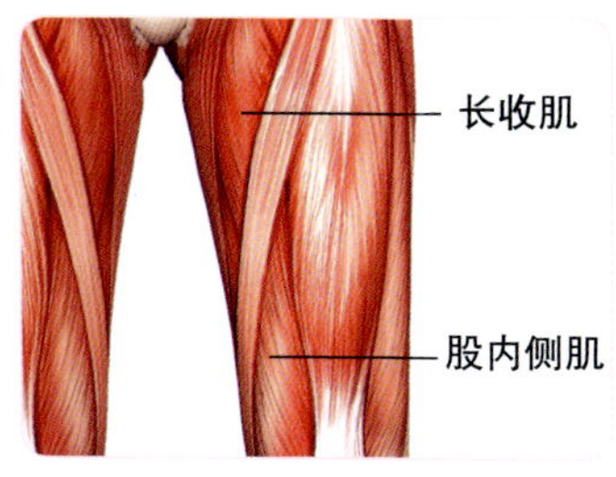

最佳锻炼部位

- 腹直肌
- 阔筋膜张肌
- 股直肌
- 股外侧肌
- 股内侧肌
- 股中间肌
- 长收肌
- 耻骨肌
- 肱肌

解析关键

粗体字代表此动作锻炼的目标肌肉
灰色字代表运动到的其他肌肉
*代表深层肌肉

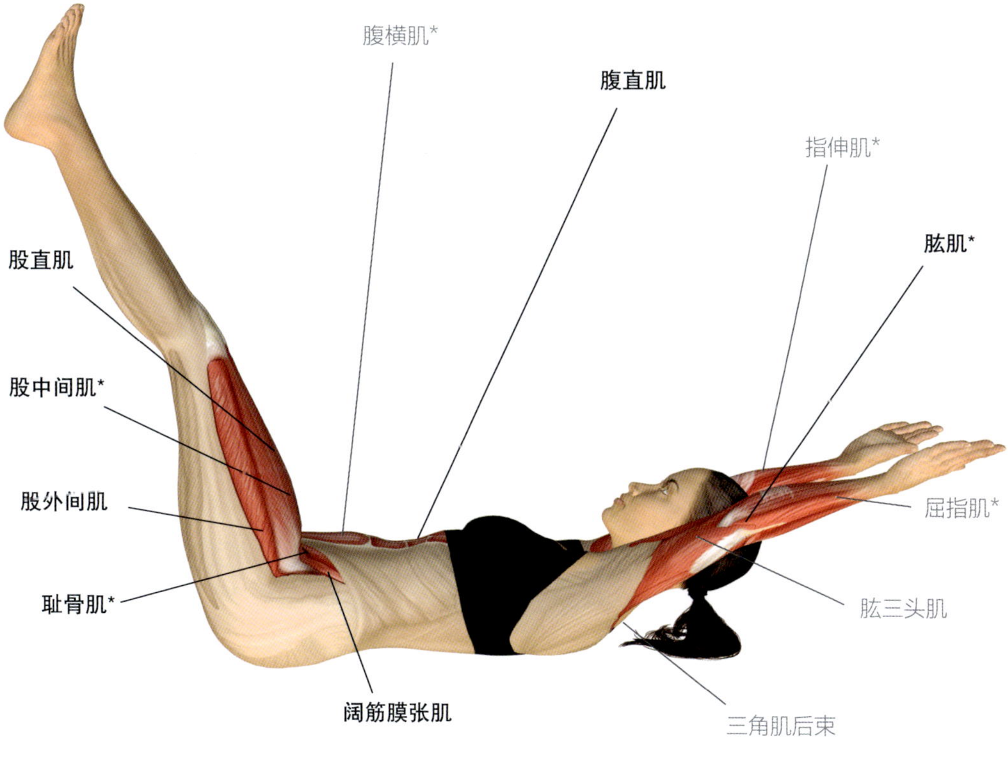

腹横肌*
腹直肌
指伸肌*
肱肌*
股直肌
股中间肌*
股外间肌
耻骨肌*
阔筋膜张肌
屈指肌*
肱三头肌
三角肌后束

平衡球后背伸展

正确做法

- 在运动过程中保持身体的平衡
- 控制你的身体，慢慢地移动
- 头部放在平衡球上，直到你的双腿得到伸展

避免

- 平衡球左右摇晃
- 伸展动作保持的时间过长，或者直到你感觉到头晕才停止动作

锻炼目标

- 胸椎和上腰段脊柱
- 腹肌

级别

- 高级练习者

益处

- 伸展胸椎
- 强健脊柱伸肌
- 强健腹肌以及背部大部分肌肉

如果你有下列问题，不建议做此项练习

- 腰背部疼痛
- 身体平衡能力差

❶ 坐在平衡球上，自然放松，保持身体平衡，你的臀部应该位于平衡球的正中央。

❷ 保持身体平衡的同时双臂上举，向后伸展。

❸ 继续向后伸展双臂，同时双脚向前迈步，将平衡球滚到你的脊柱下方。

❹ 两手贴地面，同时双腿前伸，找到自己感到舒服的姿势，整个动作保持10秒。

❺ 想要做到更到位的伸展，你可以伸展双臂，双腿和双手相平衡球贴近。动作保持10秒。

❻ 想要放松身体，你可以弯曲双膝，慢慢地将臀部放到地面，将头部从平衡球上抬起，然后回到准备动作的位置。

平衡球后背伸展・核心肌肉练习

变化练习

难度减小：完成第一步到第三步，但是你不需要将双手向地面伸展，你可以双手扣住，放在头后。这个姿势保持10秒，然后放松。

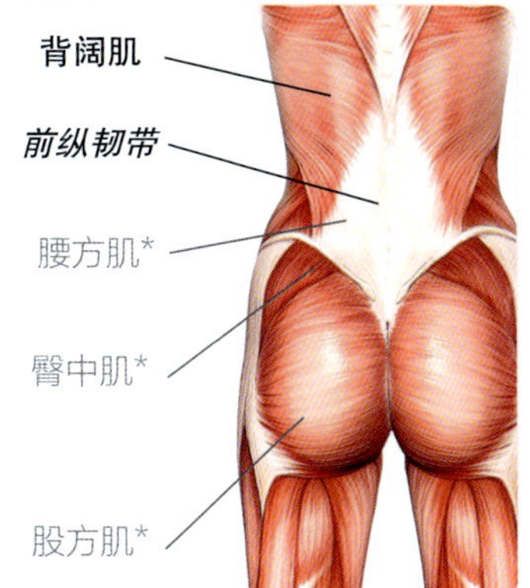

最佳锻炼部位

- 三角肌中束
- 髋腰肌
- 背阔肌
- 前据肌
- 胸大肌
- 胸小肌
- 前纵韧带

解析关键

粗体字代表此动作锻炼的目标肌肉
灰色字代表运动到的其他肌肉
斜体字代表肌腱
*代表深层肌肉

腹直肌
腹外斜肌
前锯肌
腹横肌*
胸大肌
股外侧肌
胸小肌*
股直肌
三角肌中束
斜方肌
股二头肌
肱三头肌
桡侧腕屈肌
髂腰肌*

平板支撑

❶ 俯卧在地板上，腹部着地，双腿向后伸展。弯曲双臂，两手与前臂平放在地板上。

锻炼目标

- 腹肌
- 背部
- 腹斜肌

级别

- 初级练习者

益处

- 强健核心肌群

如果你有下列问题，不建议做此项练习

- 肩部损伤
- 严重的背部疼痛

❷ 弯曲双膝，将身体重心放在前臂与双膝之间，利用前臂的力量将肩膀向上提拉，伸直双腿。

❸ 控制你的身体，慢慢放松肩膀，直到你能感觉到肩部与背部齐平。动作保持30秒，如果你可以的话，试着保持2分钟。

最佳锻炼部位

- 竖脊肌
- 腹横肌
- 腹直肌
- 腹外斜肌
- 腹内斜肌

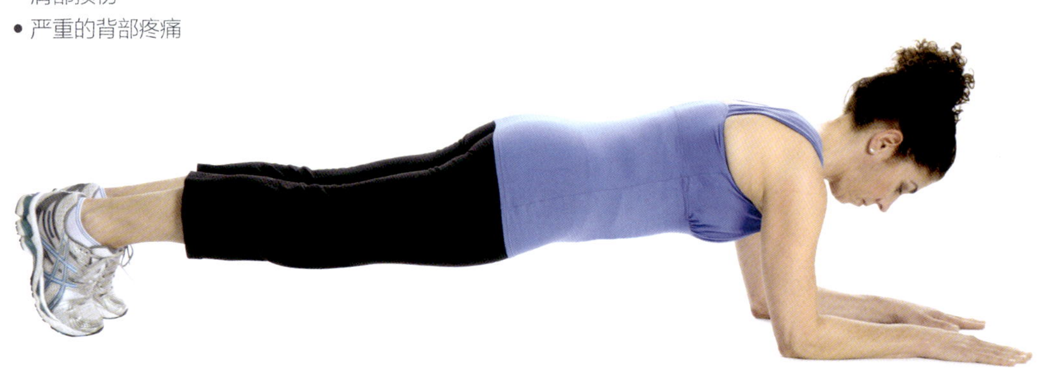

避免
- 两肩膀滑向肩关节
- 弯曲颈部
- 背部下凹

正确做法
- 收紧腹部肌肉
- 身体呈一条直线
- 伸直颈部
- 如果可以的话，刚开始练习的时候动作保持15秒钟

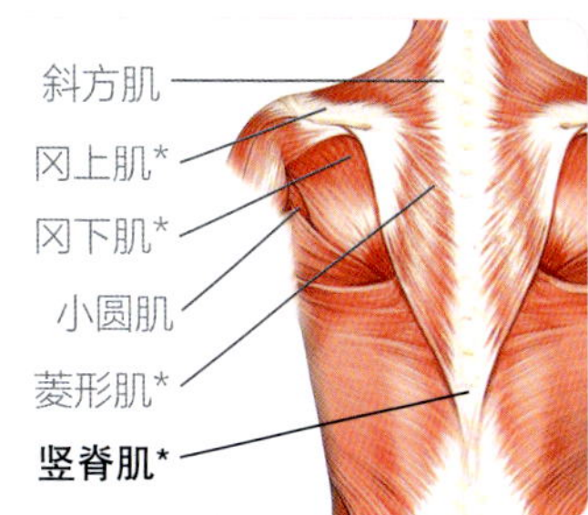

解析关键

粗体字代表此动作锻炼的目标肌肉
灰色字代表运动到的其他肌肉
*代表深层肌肉

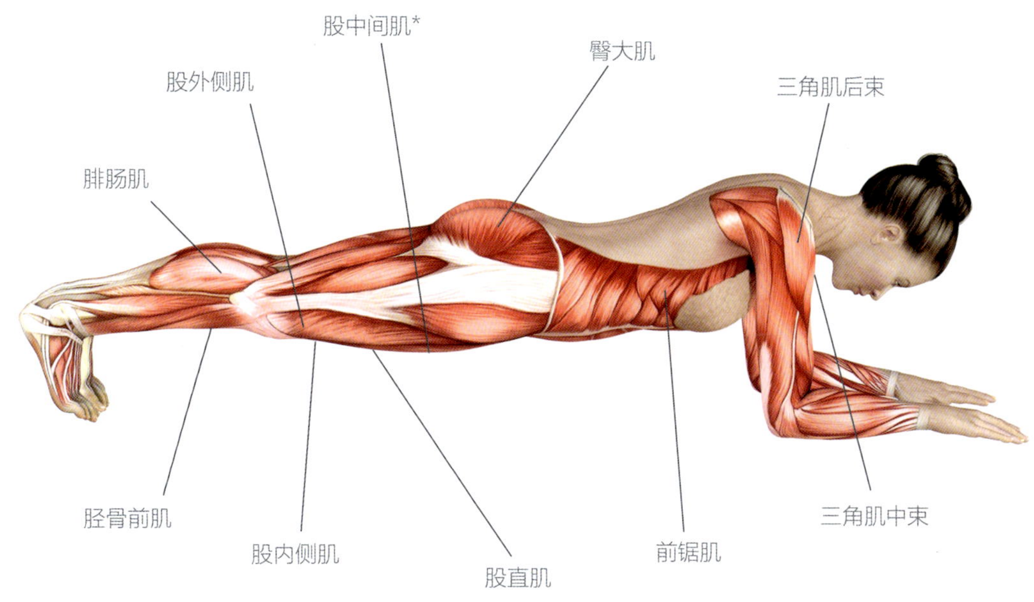

变化练习

难度减小：在做平板支撑动作的时候，一条腿上提，一条腿下压。身体的其他部位保持不动，收紧腹部肌肉。

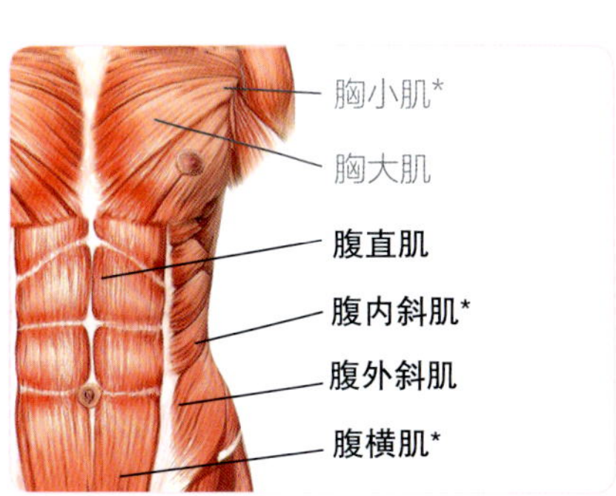

平衡球上腹横肌练习

❶ 脚尖点地，两手臂弯曲，前臂放在平衡球上。

❷ 你的身体从踝关节到肩膀形成一条直线。

❸ 尽可能长地保持这个动作。

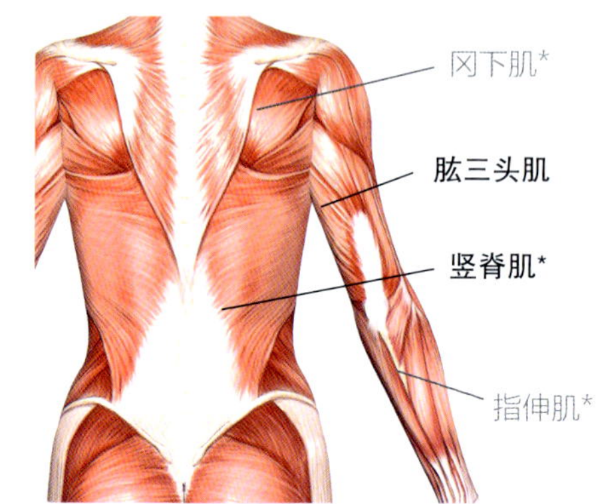

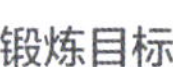

锻炼目标

- 下腹肌
- 上背部

级别

- 高级练习者

益处

- 强健核心肌群
- 强健腹部肌肉
- 强健腰背部

如果你有下列问题，不建议做此项练习

- 颈部疼痛
- 腰背部疼痛

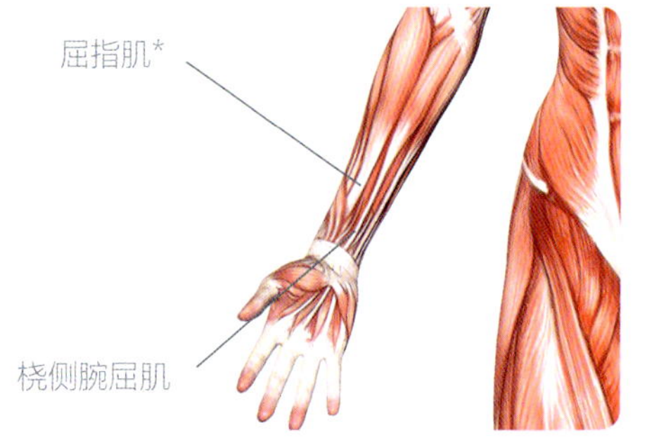

正确做法

- 自然地、平稳地呼吸
- 在保持身体呈一条直线的时候活动到腹部肌肉

避免

- 腰背部下坠

平衡球上腹横肌练习・核心肌肉练习

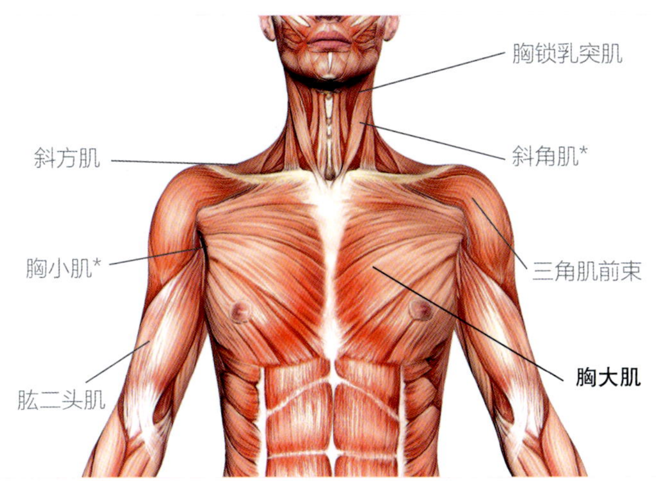

最佳锻炼部位

- 腹直肌
- 腹横肌
- 股直肌
- 髂腰肌
- 背阔肌
- 腹外斜肌
- 腹内斜肌
- 胸大肌
- 大圆肌
- 肱三头肌
- 竖脊肌

解析关键

粗体字代表此动作锻炼的目标肌肉
灰色字代表运动到的其他肌肉
*代表深层肌肉

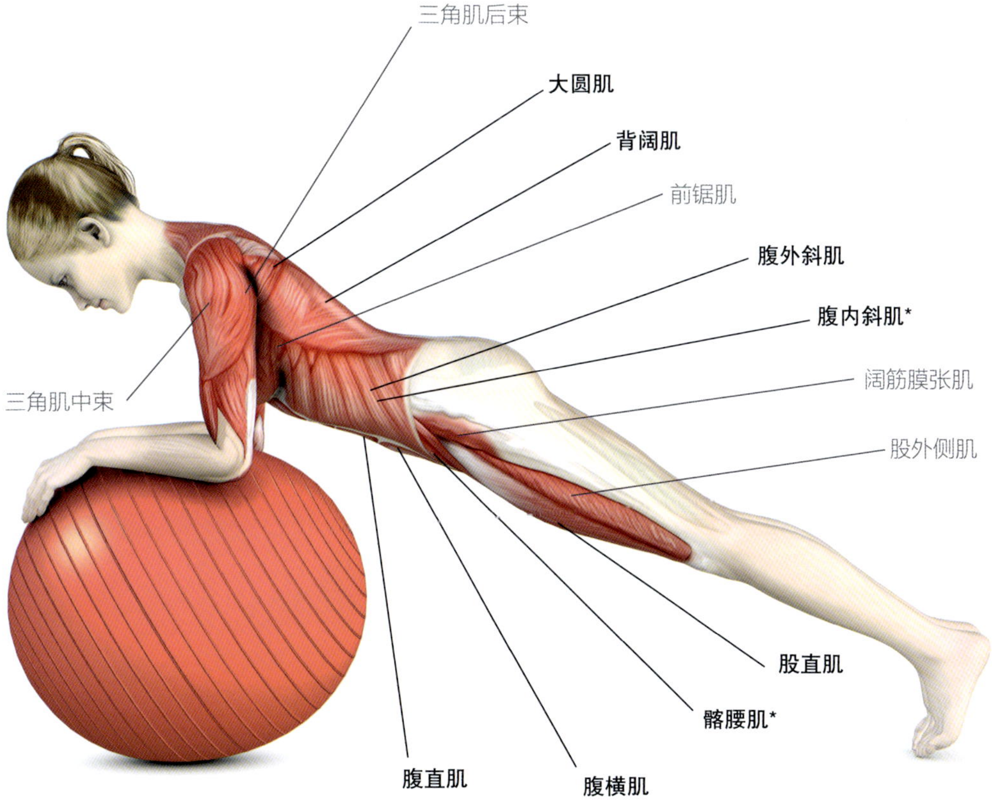

三角肌后束
大圆肌
背阔肌
前锯肌
腹外斜肌
腹内斜肌*
阔筋膜张肌
三角肌中束
股外侧肌
股直肌
髂腰肌*
腹直肌
腹横肌

平衡球上前滑

最佳锻炼部位

- 腹直肌
- 竖脊肌

❶ 双膝跪地，将一个平衡球放在身体前方，双手触球。

正确做法

- 上身挺直
- 在整个运动过程中小腿和脚都贴在地面上
- 背部保持平直
- 腹肌保持内收
- 控制你的身体，平稳地完成所有动作

锻炼目标

- 背部
- 上腹肌

级别

- 中级练习者

益处

- 强健核心肌群

如果你有下列问题，不建议做此项练习

- 腰背部问题
- 膝盖问题

❷ 双手将球向前滚动，身体向前倾。

避免

- 臀部下凹

平衡球上前滑·核心肌肉练习

❸ 双臂架在球上，身体继续前倾，将平衡球继续向前推。

❹ 借助腹肌和腰背部的力量将平衡球滚回准备动作的位置，动作重复15次。在整个动作组做3次。

解析关键

粗体字代表此动作锻炼的目标肌肉

灰色字代表运动到的其他肌肉

*代表深层肌肉

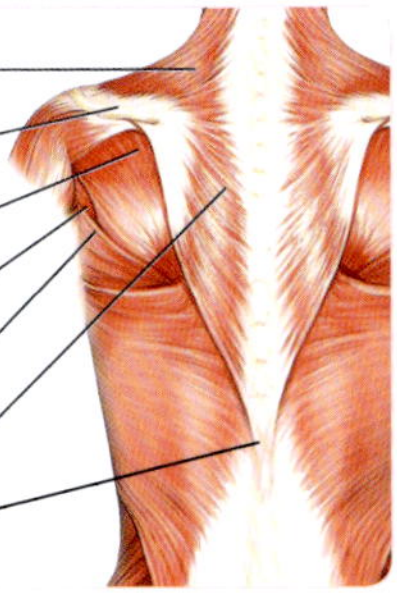

斜方肌

冈上肌*

冈下肌*

小圆肌

大圆肌

菱形肌*

竖脊肌*

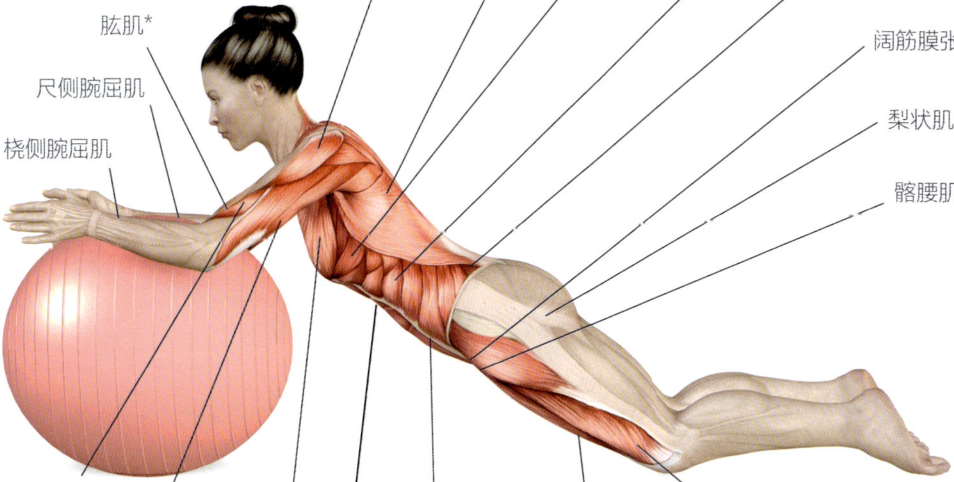

背阔肌

前锯肌

三角肌后束

腹外斜肌

腰方肌*

阔筋膜张肌

梨状肌*

髂腰肌*

肱肌*

尺侧腕屈肌

桡侧腕屈肌

肱二头肌

肱三头肌

胸大肌

腹直肌

腹内斜肌*

股直肌

股外侧肌

泡沫轴小腿下压

正确做法

- 身体与上举的那条腿形成一条长长的直线
- 在运动的过程中保持臀部上提

❶ 坐在地面上，双腿前伸，将泡沫轴放在膝盖下面。将你的双手放在地面上，借助手的力量支撑你的躯干。手指指向臀部。

避免

- 肩部上提，贴近耳朵
- 膝盖弯曲
- 手肘弯曲

锻炼目标

- 腹肌
- 前臂
- 肩部的稳定性
- 腘绳肌

❷ 双手向下按压，臀部上提，两腿保持固定。

最佳锻炼部位

- 腹直肌
- 腹横肌
- 肱三头肌
- 前锯肌
- 三角肌前束
- 股二头肌
- 半腱肌
- 半膜肌

级别

- 高级练习者

益处

- 提高核心肌群、骨盆以及肩部的稳定性

如果你有下列问题，不建议做此项练习

- 手腕疼痛
- 肩部疼痛
- 膝盖问题

❸ 将一条腿上抬，离开泡沫轴，确保你的臀部不会落在地上。

❹ 抬起的那条腿保持固定，另一条腿向下按压。臀部向后拉。

❺ 回到准备动作的位置，在泡沫轴上滚动小腿肌肉，上提的那条腿保持固定。每条腿上的动作重复15次。

解析关键

粗体字代表此动作锻炼的目标肌肉
灰色字代表运动到的其他肌肉
*代表深层肌肉

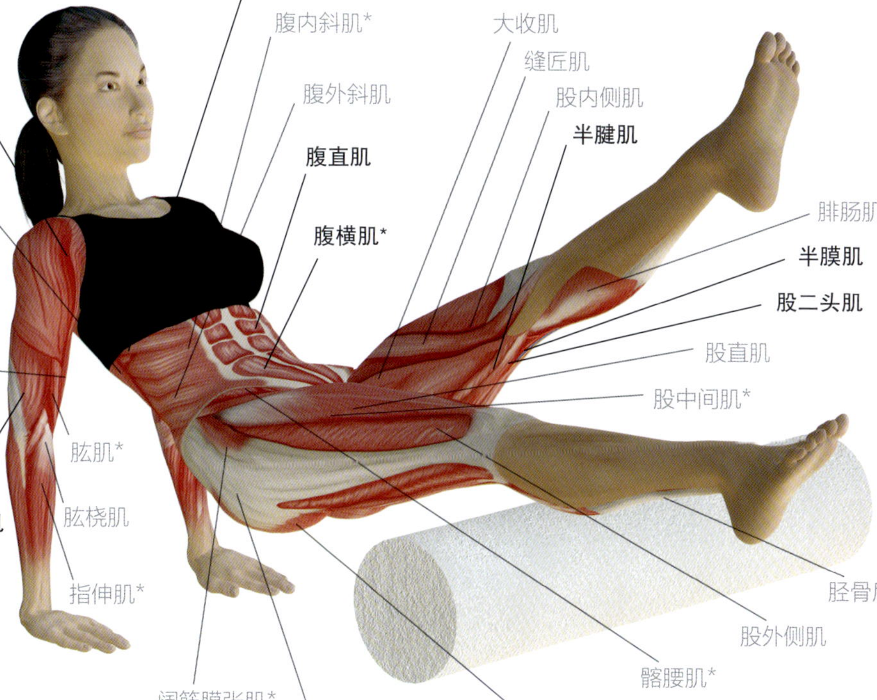

前锯肌
腹内斜肌*
大收肌
三角肌前束
缝匠肌
腹外斜肌
股内侧肌
半腱肌
腹直肌
背阔肌
腓肠肌
腹横肌*
半膜肌
股二头肌
肱二头肌
股直肌
股中间肌*
肱肌*
肱三头肌
肱桡肌
指伸肌*
胫骨后肌*
股外侧肌
髂腰肌*
阔筋膜张肌*
臀大肌
臀中肌*

泡沫轴对角线侧卧起身

❶ 纵向躺在泡沫轴上，让你的脊柱贴在泡沫轴上。双臂放在身体两侧的地面上。

❷ 两腿伸直，双脚下压，双手上伸，越过头顶。

正确做法

- 在运动的过程中保持双腿稳定
- 在运动的过程中臀部和双肩贴近泡沫轴

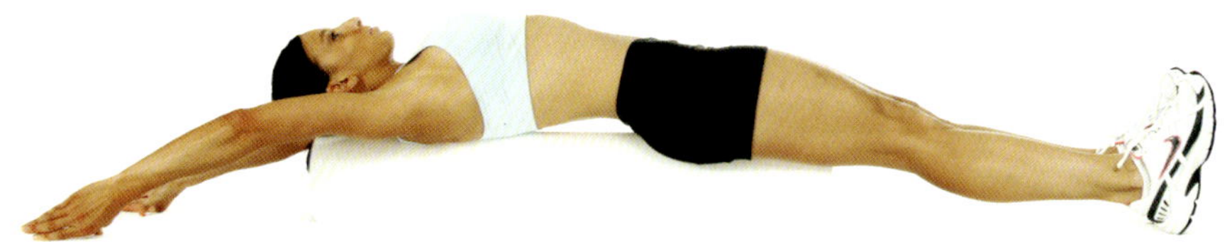

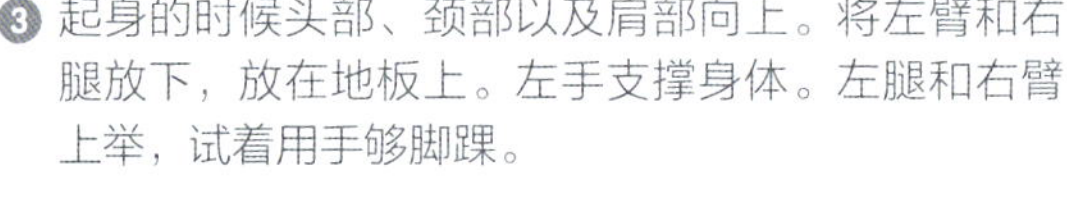

❸ 起身的时候头部、颈部以及肩部向上。将左臂和右腿放下，放在地板上。左手支撑身体。左腿和右臂上举，试着用手够脚踝。

❹ 慢慢地向下滚动泡沫轴，放下右臂和左腿。重复另一侧的动作，每一侧做15次。

锻炼目标

- 前臂
- 肩部的稳定性
- 腹肌
- 腘绳肌

级别

- 高级练习者

益处

- 提高核心肌群、骨盆以及肩部的稳定性

如果你有下列问题，不建议做此项练习

- 背部疼痛
- 颈部疼痛

变化练习

难度加大：一条腿放在地面上支撑身体，起身的时候伸直双臂，试着触碰上举的那条腿。

最佳锻炼部位

- 腹直肌
- 腹横肌
- 肱三头肌
- 斜方肌
- 胸大肌
- 三角肌前束
- 前锯肌
- 股直肌
- 股中间肌
- 股二头肌
- 半腱肌
- 半膜肌

避免

- 肩部上提，贴近耳朵
- 弯曲双膝

解析关键

粗体字代表此动作锻炼的目标肌肉

灰色字代表运动到的其他肌肉

*代表深层肌肉

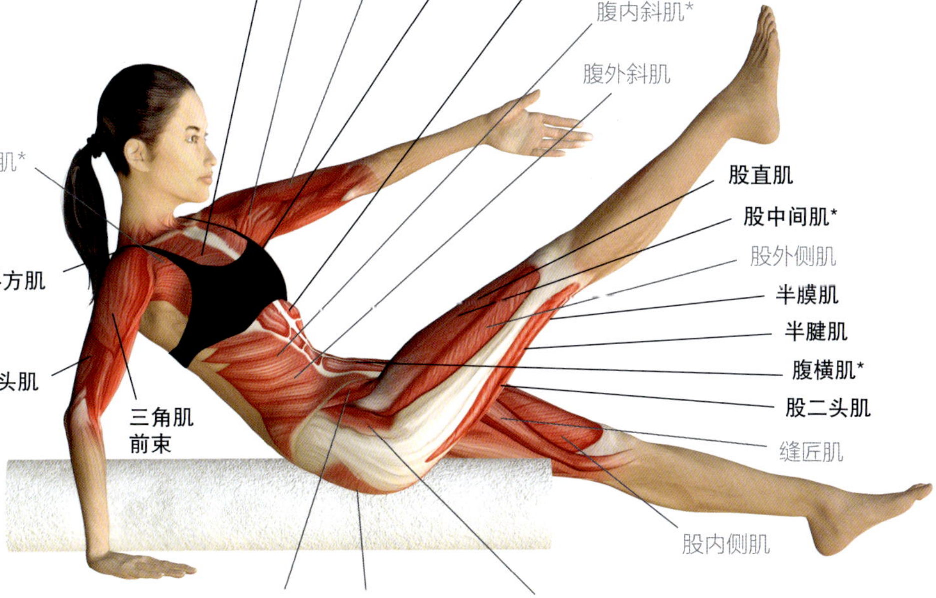

胸大肌

喙肱肌*

肱二头肌

前锯肌

腹直肌

腹内斜肌*

腹外斜肌

胸小肌*

股直肌

股中间肌*

股外侧肌

半膜肌

斜方肌

半腱肌

腹横肌*

肱三头肌

三角肌前束

股二头肌

缝匠肌

股内侧肌

髂腰肌*

臀大肌

阔筋膜张肌*

泡沫轴仰卧游行

❶ 纵向躺在泡沫轴上，让你的脊柱贴在泡沫轴上。双臂放在身体两侧的地面上。弯曲双膝，将你的双脚平放在地板上。

最佳锻炼部位

- 腹直肌
- 腹横肌
- 腹内斜肌
- 腹外斜肌
- 髂腰肌
- 缝匠肌
- 股二头肌
- 股直肌

❷ 上提臀部，脚趾指向天花板。一条腿向下拉，膝盖贴近胸部。

锻炼目标

- 腹肌
- 前臂
- 臀部屈肌
- 四头肌

级别

- 高级练习者

益处

- 提高核心肌群和骨盆的稳定性

如果你有下列问题，不建议做此项练习

- 腰背部疼痛
- 颈部疼痛
- 肩部疼痛

❸ 换腿，重复以上动作，注意你的臀部不要再上提。

4 当你掌握了“游行”的平稳节奏，每条腿上动作重复15次。

避免

- 肩部上提，贴近耳朵
- 在运动的过程中臀部和腰背部上提，离开泡沫轴

正确做法

- 绷紧双腿，钩紧双脚脚趾
- 在整个运动过程中放松颈部和肩部
- 双手和前臂放在地板上

解析关键

粗体字代表此动作锻炼的目标肌肉

灰色字代表运动到的其他肌肉

*代表深层肌肉

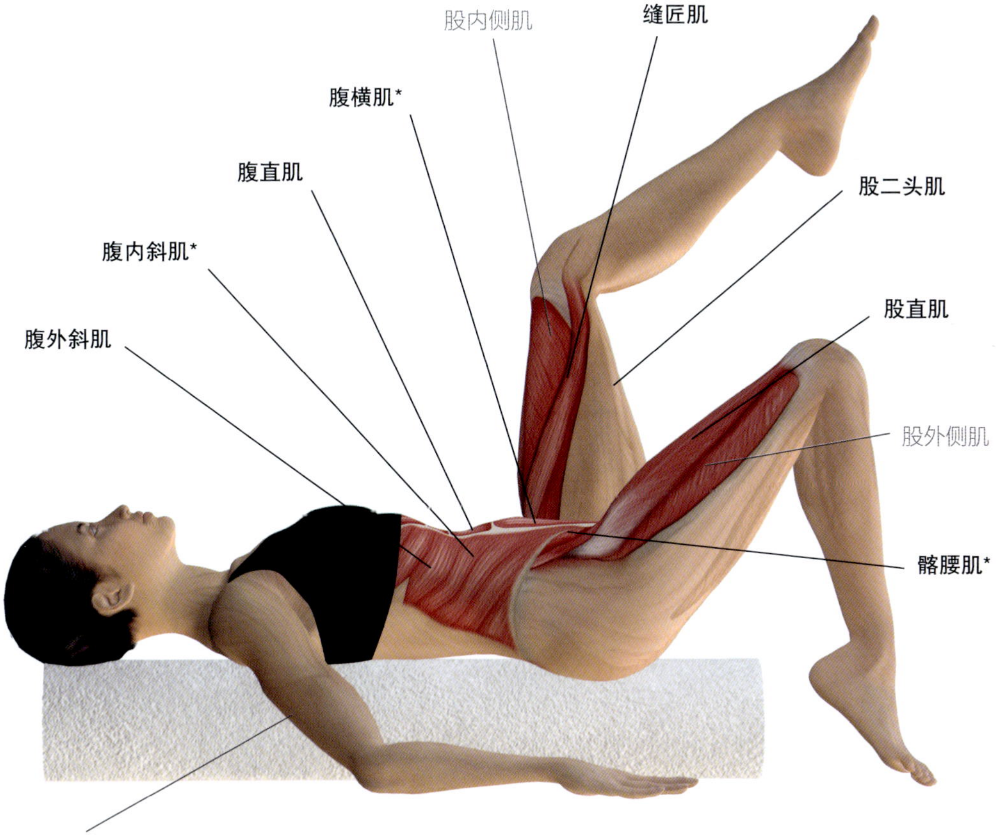

股内侧肌

缝匠肌

腹横肌*

腹直肌

股二头肌

腹内斜肌*

股直肌

腹外斜肌

股外侧肌

髂腰肌*

肱三头肌

小登步

1. 背部平躺在地面上，双膝弯曲，两脚平放在地面上。
2. 将双手放在胯骨上，试着感觉，你的胯部是不是正从一侧扭向另一侧。
3. 将右膝朝胸部方向上提，同时，肚脐向脊柱方向内收。保持上半身的动作。

锻炼目标

- 下腹肌

级别

- 初级练习者

益处

- 增强下腹肌的稳定性

如果你有下列问题，不建议做此项练习

- 辐射到腿部的腰背部刺痛

4. 肚脐继续向内收紧，同时控制臀部的力量，将右腿放回地面。
5. 交换双腿，完成整套动作。动作组重复6～8次。

小登步·核心肌肉练习

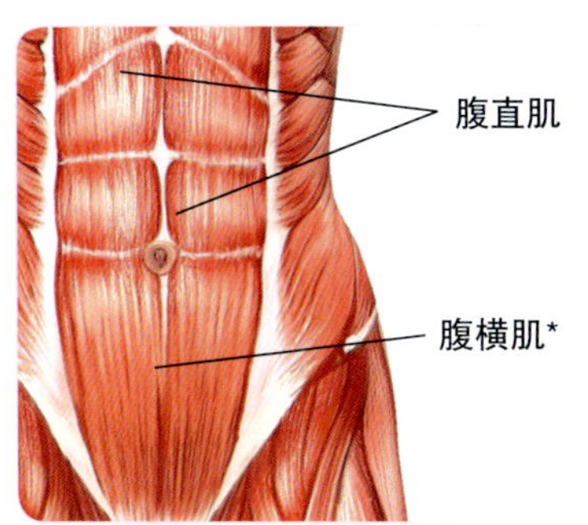

避免

- 两腿运动的时候臀部前后移动

正确做法

- 在整个练习过程中肚脐向脊柱方向收紧

最佳锻炼部位

- 腹直肌
- 股直肌
- 阔筋膜张肌
- 臀大肌
- 腹横肌
- 腹内斜肌

解析关键

粗体字代表此动作锻炼的目标肌肉
灰色字代表运动到的其他肌肉
*代表深层肌肉

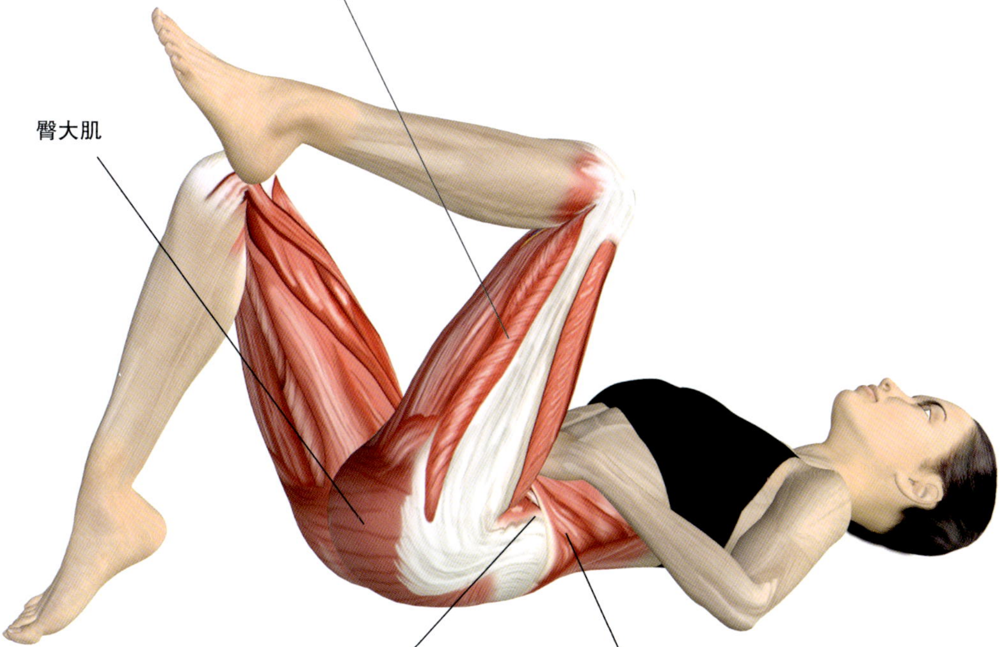

股二头肌

臀大肌

阔筋膜张肌

腹内斜肌*

双腿腹部推挤式

❶ 平躺在地面上抬起双腿，双膝弯曲，做椅子状，你的大腿与上身呈90度角。将双手放在膝盖前，一个手掌放在一条腿上，手指指向上方。

避免

- 在做运动的过程中屏住呼吸

锻炼目标

- 全身

级别

- 中级练习者

益处

- 强健核心肌群、臀部屈肌、前臂

如果你有下列问题，不建议做此项练习

- 背部疼痛
- 臀部疼痛

❷ 钩紧双脚，两肘弯曲，贴近身体，两手按压膝盖。两手后推膝盖，产生阻力。动作保持1分钟，重复5次。

双腿腹部推挤式・核心肌肉练习

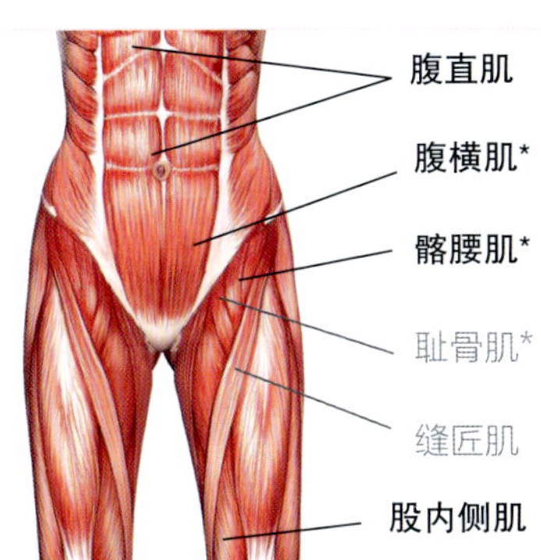

最佳锻炼部位

- 腹直肌
- 腹横肌
- 肱三头肌
- 髂腰肌
- 股内侧肌
- 股外侧肌
- 股中间肌
- 股直肌

正确做法

- 手肘向身体两侧内收
- 放松颈部和肩部
- 钩脚，双膝并拢
- 尾椎骨朝向天花板

解析关键

粗体字代表此动作锻炼的目标肌肉
灰色字代表运动到的其他肌肉
*代表深层肌肉

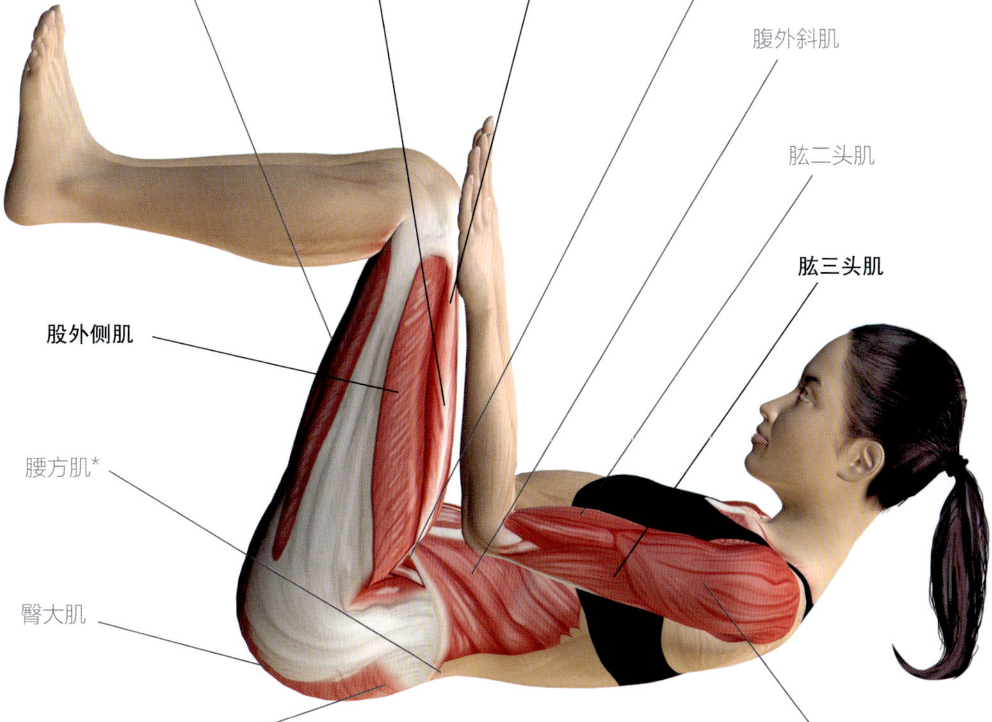

股二头肌
股直肌
股中间肌*
阔筋膜张肌
腹外斜肌
肱二头肌
肱三头肌
股外侧肌
腰方肌*
臀大肌
臀中肌*
三角肌中束

旋转式

❶ 坐在地上，身体向右转，两条腿交叉伸展，牢牢地按压。右侧臀部着地，双手支撑躯干。

正确做法

- 尽可能地伸长四肢
- 保持肩部的稳定
- 抬高臀部，减少上身承受的重力

❷ 右手位于肩膀的正下方，用手支撑地面，上身向上。你的身体从肩膀到两脚形成一条直线。

锻炼目标

- 腹肌
- 肩膀

级别

- 高级练习者

益处

- 使全身得到锻炼
- 训练持久力

如果你有下列问题，不建议做此项练习

- 肩部问题
- 背部疼痛
- 手腕损伤

❸ 将肚脐向脊柱的方向拉伸，左臂向上伸展。

❹ 左臂下移，穿过身体下方的空隙，上身向右旋转。保持不动，数10个数。

❺ 回到准备动作的位置，双臂着地，双手支撑躯干。整个动作组重复4～6次，然后再做另一侧的动作。

最佳锻炼部位

- 背阔肌
- 腹直肌
- 腹内斜肌
- 腹外斜肌
- 腹横肌
- 大收肌
- 长收肌
- 三角肌中束

避免

- 双肩下沉

解析关键

粗体字代表此动作锻炼的目标肌肉

灰色字代表运动到的其他肌肉

*代表深层肌肉

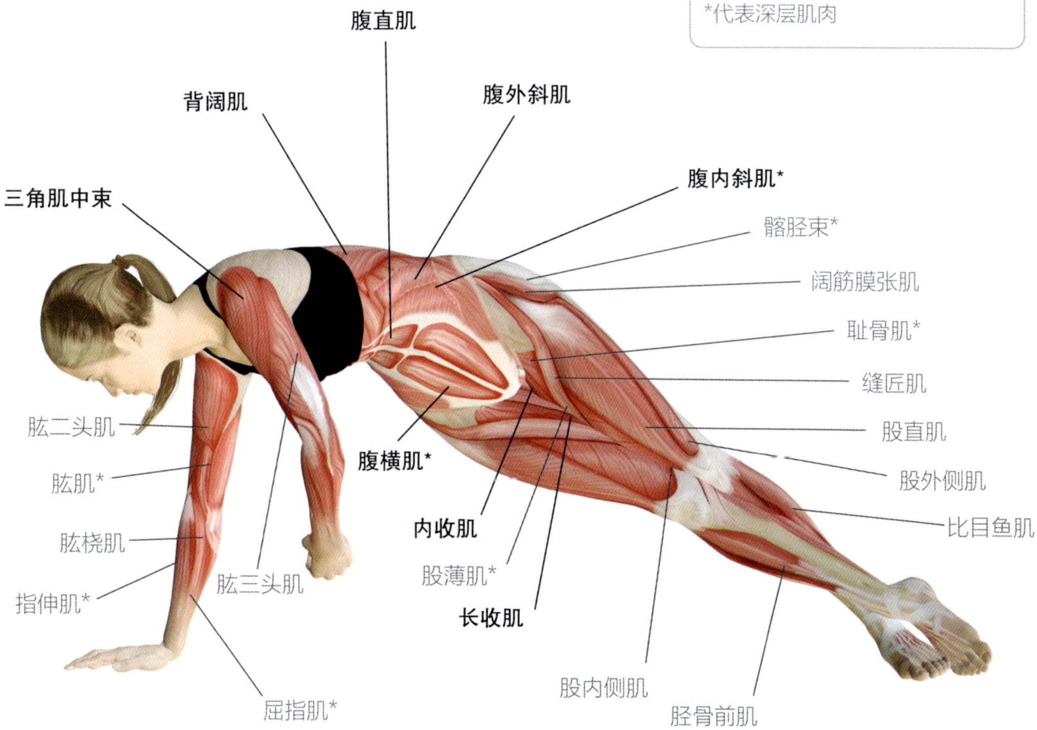

腹直肌

背阔肌

腹外斜肌

腹内斜肌*

三角肌中束

髂胫束*

阔筋膜张肌

耻骨肌*

缝匠肌

股直肌

肱二头肌

股外侧肌

腹横肌*

肱肌*

内收肌

比目鱼肌

肱桡肌

股薄肌*

肱三头肌

指伸肌*

长收肌

股内侧肌

屈指肌*

胫骨前肌

直立屈膝

❶直立站好，左腿向前迈出一步。双臂向上伸展，手臂伸直。

最佳锻炼部位

- 腹直肌
- 腹内斜肌
- 腹外斜肌
- 腹横肌
- 臀大肌
- 臀中肌
- 阔筋膜张肌
- 梨状肌
- 髂腰肌
- 腓肠肌
- 比目鱼肌

锻炼目标

- 骨盆以及核心肌群的稳定性
- 腹肌
- 臀部肌肉

级别

- 中级练习者

益处

- 强健核心肌群
- 强健小腿肌肉以及臀部肌肉
- 改善身体协调性

如果你有下列问题，不建议做此项练习

- 膝盖疼痛

❷ 将身体重心放在左脚上，右膝提起，与胯同高。同时左脚踮脚尖，将两手手肘放在身体两侧，两手手掌平伸。右腿完成曲膝动作。

❸ 右腿尽可能上提，在极限位置停顿几秒钟，然后慢慢回到准备动作的位置。重复另一侧的动作。每条腿上的动作重复10次。

正确做法
- 踮脚尖的时候大腿伸展
- 当你将双臂放下，准备屈膝的时候，放松双肩
- 单腿上提的时候，勾起脚趾

避免
- 换腿的时候身体向前倾

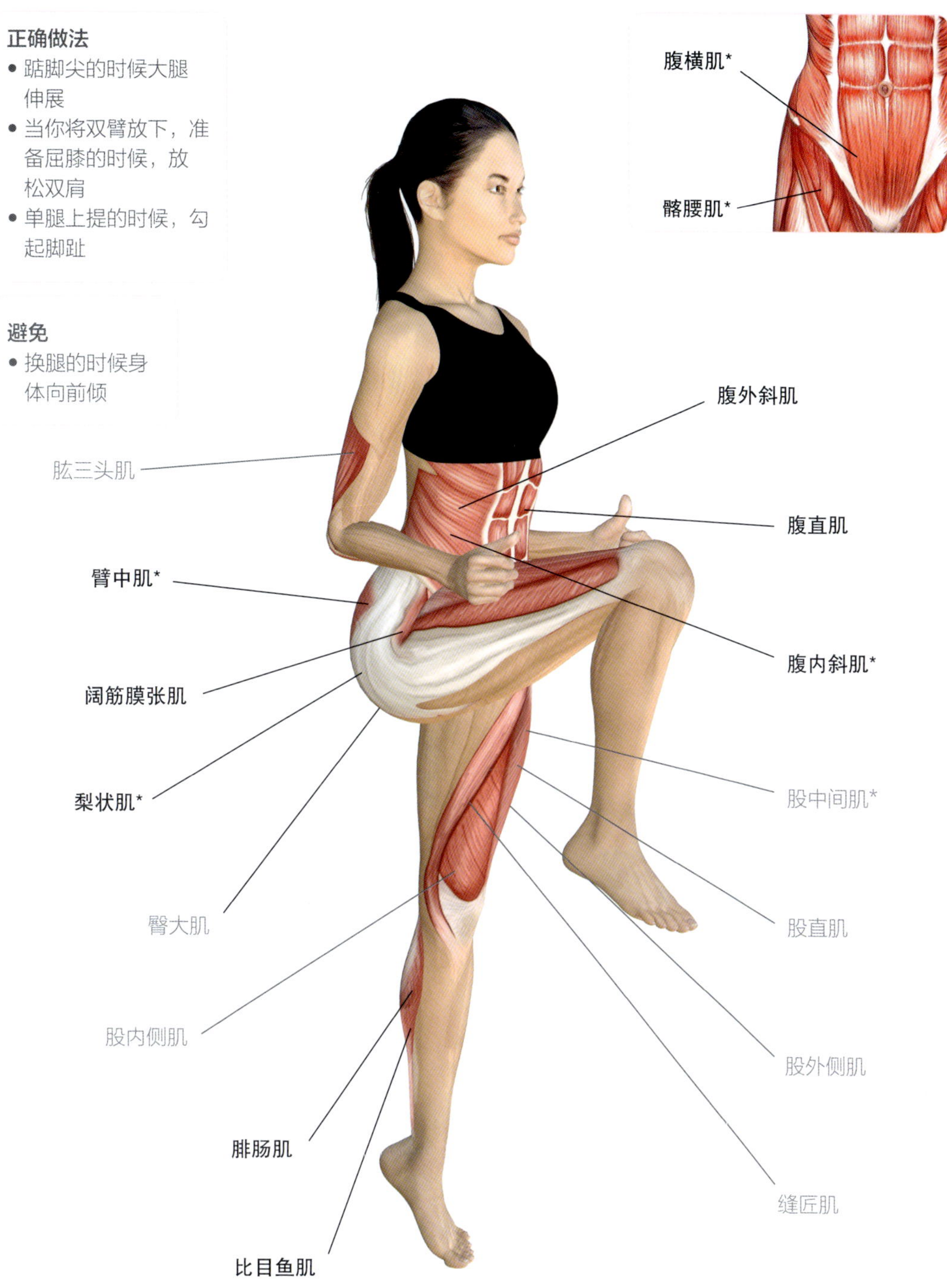

解析关键
粗体字代表此动作锻炼的目标肌肉
灰色字代表运动到的其他肌肉
*代表深层肌肉

曲膝深蹲

1 直立站好，双手握健身实心球，放在身体前方。

2 将身体重心放在左脚上，弯曲右膝，右脚朝臀部方向上提。弯曲双肘，将实心球向右耳外侧移动。

避免

- 弯曲或扭转膝盖的时候膝盖的位置超过脚趾
- 两脚从准备动作的位置移动到其他位置
- 弯曲脊柱

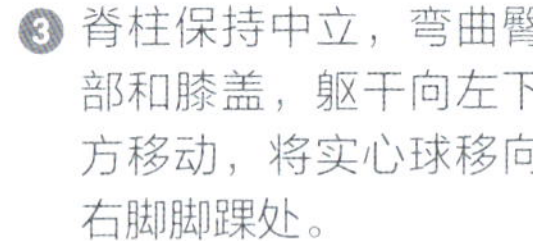

3 脊柱保持中立，弯曲臀部和膝盖，躯干向左下方移动，将实心球移向右脚脚踝处。

4 左腿下压，伸直膝盖，挺直躯干，回到准备动作的位置。每条腿上动作重复15次。整个动作组做2次。

锻炼目标

- 腹肌
- 臀部屈肌

级别

- 高级练习者

益处

- 改善身体的平衡能力
- 提高骨盆、躯干以及膝盖的稳定性
- 提高身体的运动能力

如果你有下列问题，不建议做此项练习

- 膝盖疼痛
- 肩膀疼痛
- 腰背部疼痛

正确做法

- 在空中运球的时候，运动轨迹呈一条弧线
- 在运动的过程中，臀部和膝盖对齐
- 放松你的颈部和肩部

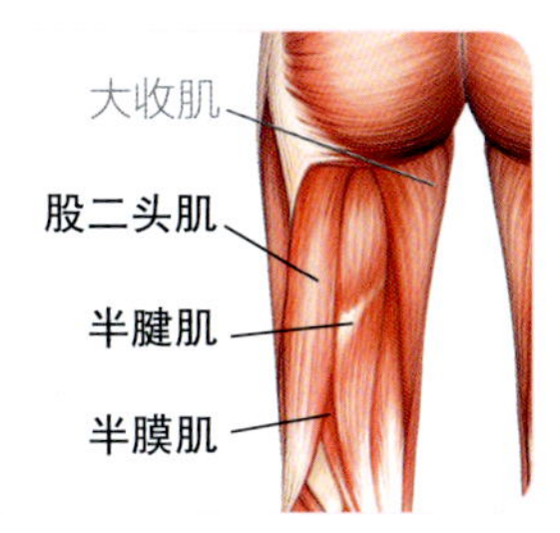

最佳锻炼部位

- 半腱肌
- 半膜肌
- 股二头肌
- 股内侧肌
- 股外侧肌
- 股直肌
- 臀大肌
- 臀中肌
- 梨状肌
- 竖脊肌
- 胫骨前肌
- 胫骨后肌
- 比目鱼肌
- 腓肠肌
- 三角肌中束
- 冈下肌
- 冈上肌
- 小圆肌

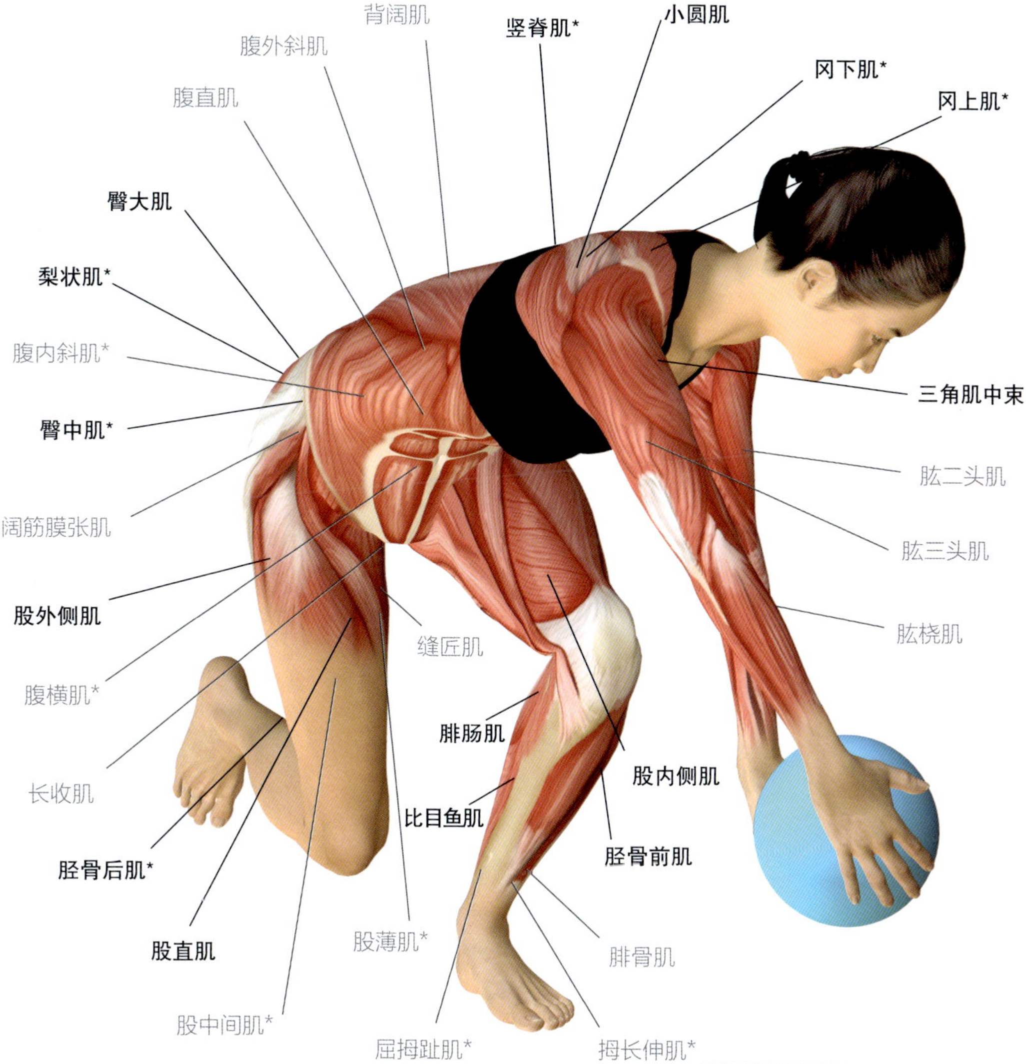

背阔肌
竖脊肌*
小圆肌
腹外斜肌
冈下肌*
冈上肌*
腹直肌
臀大肌
梨状肌*
腹内斜肌*
三角肌中束
臀中肌*
肱二头肌
阔筋膜张肌
肱三头肌
股外侧肌
肱桡肌
缝匠肌
腹横肌*
腓肠肌
股内侧肌
长收肌
比目鱼肌
胫骨前肌
胫骨后肌*
股直肌
股薄肌*
腓骨肌
股中间肌*
屈拇趾肌*
拇长伸肌*

解析关键

粗体字代表此动作锻炼的目标肌肉
灰色字代表运动到的其他肌肉
*代表深层肌肉

平衡球上反身扭转

1. 躺下，双肩和腰背部放在平衡球上，两脚打开，与胯同宽。双膝弯曲，呈90度。
2. 两手手握健身实心球，双臂上举。
3. 上身向左旋转。左肩放在平衡球上。
4. 动作保持5秒钟，然后慢慢地回到准备动作的位置，平衡球回到两个肩膀的中间。

锻炼目标

- 腹斜肌
- 腹肌

级别

- 中级练习者

益处

- 稳定核心肌群
- 强健腹斜肌和腹肌

如果你有下列问题，不建议做此项练习

- 颈部问题
- 腰背部疼痛

5. 重复练习，身体向右旋转，使右肩放在平衡球上。

避免

- 手臂弯曲
- 当平衡球旋转到一侧肩膀的正下方，并且两肩与地面垂直的时候，继续旋转平衡球

平衡球上反身扭转 · 核心肌肉练习

正确做法

- 准备开始的时候将平衡球放置于肩胛骨之间
- 活动你的腹肌，使你的脊柱保持自然的弧度
- 当你上身旋转的时候，臀部与膝盖保持在一条直线上，活动你的脊椎回旋肌

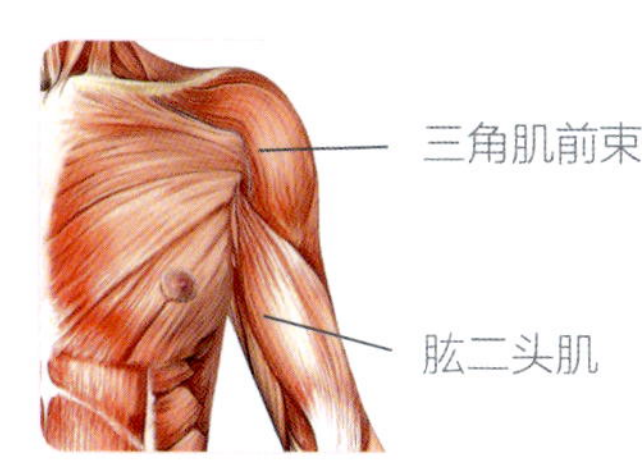

最佳锻炼部位

- 腹外斜肌
- 腹内斜肌

解析关键

粗体字代表此动作锻炼的目标肌肉
灰色字代表运动到的其他肌肉
*代表深层肌肉

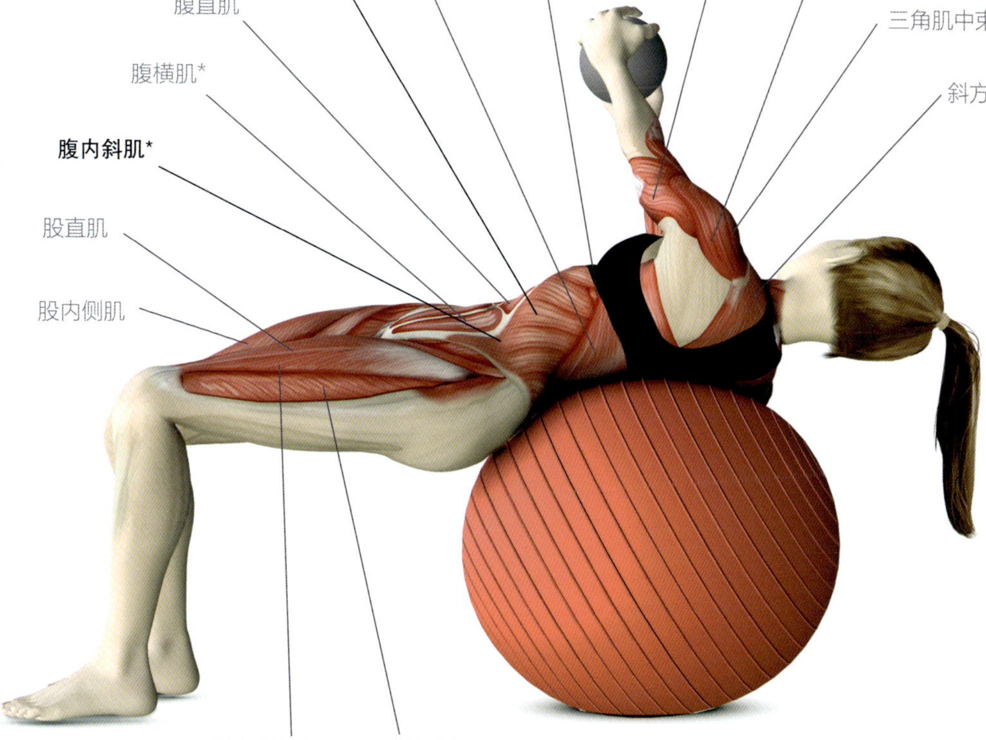

前锯肌
背阔肌
肱三头肌
腹外斜肌
三角肌后束
腹直肌
三角肌中束
腹横肌*
斜方肌
腹内斜肌*
股直肌
股内侧肌
股中间肌*
股外侧肌

平衡球上平衡坐

❶ 两脚并拢，坐在平衡球上，双手放在身体两侧。

❷ 一只脚上提，离开地面，保持5秒钟。

锻炼目标

- 腹肌
- 四头肌

级别

- 初级练习者

益处

- 稳定核心肌群
- 强健腹部肌肉

如果你有下列问题，不建议做此项练习

- 颈部问题
- 腰背部疼痛

❸ 将提起的脚放下，然后提起另一只脚。

❹ 每条腿上的动作重复5次。

正确做法

- 上身挺直坐好，收紧腹肌

平衡球上平衡坐・核心肌肉练习

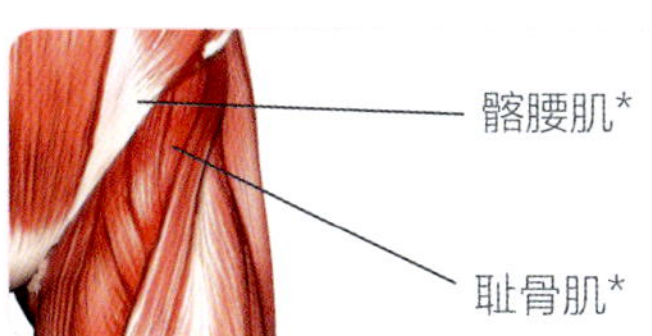

解析关键

粗体字代表此动作锻炼的目标肌肉
灰色字代表运动到的其他肌肉
*代表深层肌肉

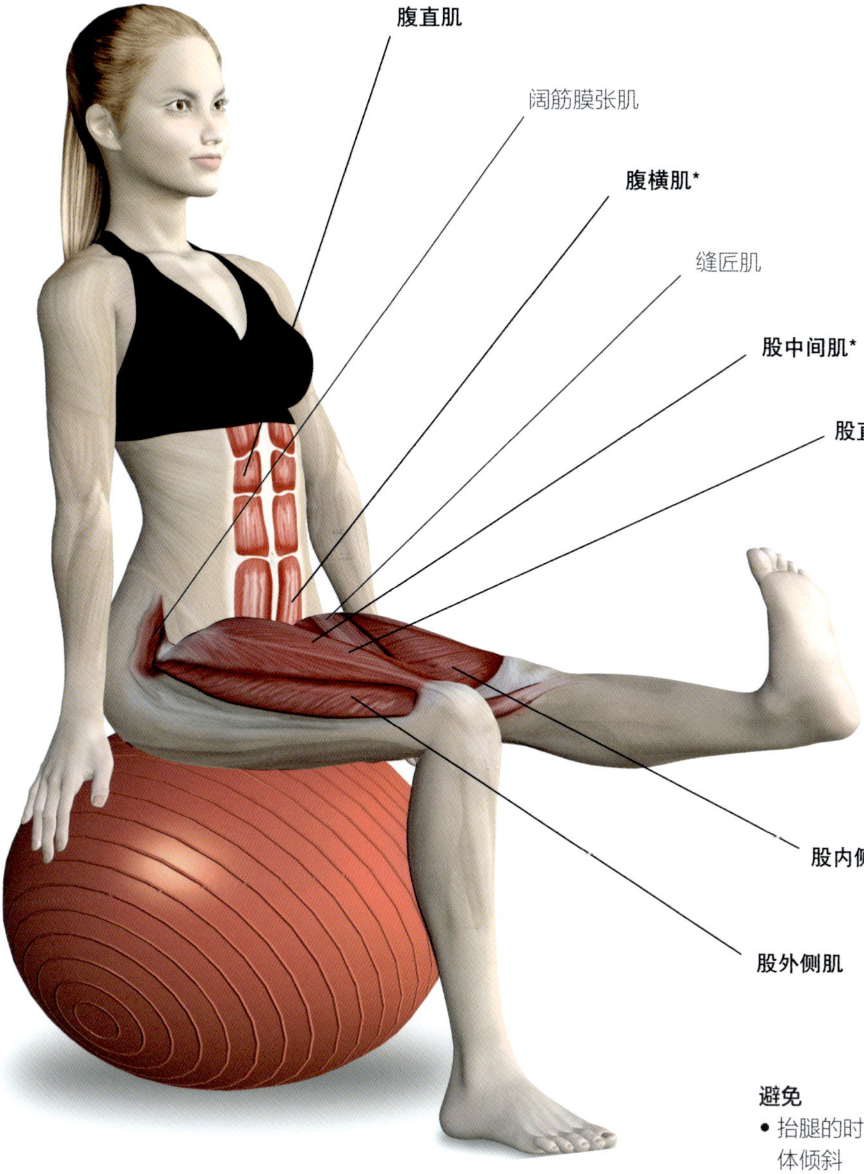

最佳锻炼部位

- 腹直肌
- 腹横肌
- 股直肌
- 股外侧肌
- 股中间肌
- 股内侧肌

腹直肌
阔筋膜张肌
腹横肌*
缝匠肌
股中间肌*
股直肌
股内侧肌*
股外侧肌

避免

- 抬腿的时候身体倾斜

平衡球上绕臀

❶ 两脚并拢，坐在平衡球上，双手放在胯部。

❷ 收紧腹部肌肉，利用骨盆的力量慢慢地将平衡球向右旋转。平衡球在地上画小圈。

避免

- 借助双腿的力量来完成这个动作

正确做法

- 如果在运动中你的脖子会发出嘎吱嘎吱的声音，那说明你运动的幅度过大，你可以缩小划圈的范围

锻炼目标

- 腰背部
- 臀部

级别

- 初级练习者

益处

- 稳定核心肌群
- 锻炼腰背部

如果你有下列问题，不建议做此项练习

- 腰背部疼痛

❸ 回到准备动作的位置，重复另一侧的动作。

最佳锻炼部位

- 竖脊肌
- 多裂肌
- 腹横肌
- 腹外斜肌
- 腰方肌
- 冈下肌
- 臀中肌
- 髂腰肌

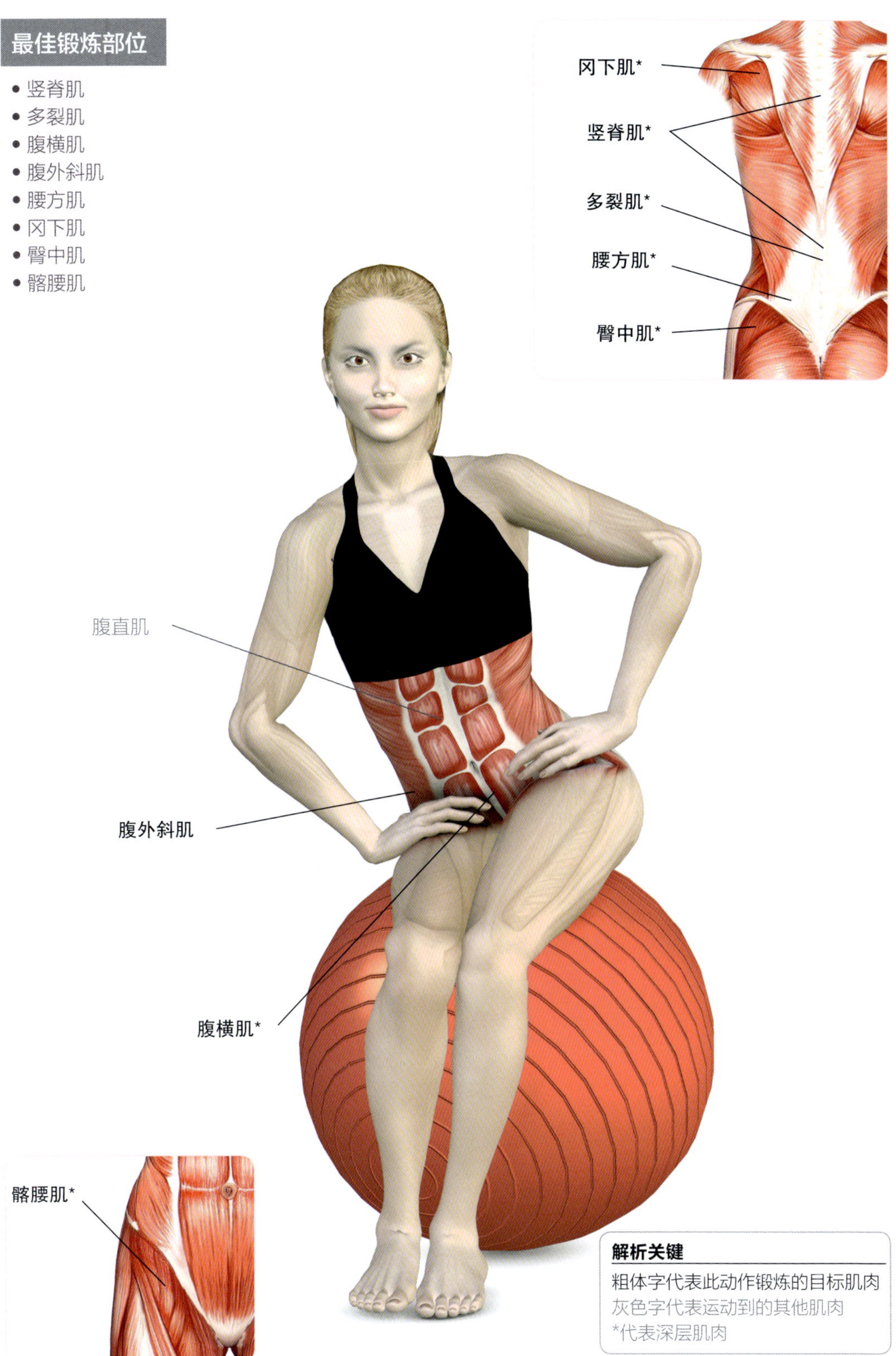

解析关键

粗体字代表此动作锻炼的目标肌肉

灰色字代表运动到的其他肌肉

*代表深层肌肉

平衡球上下身扭转

❶ 腰背部放在平衡球上，两脚并拢。双膝弯曲，呈90度。两臂在身体两侧打开。

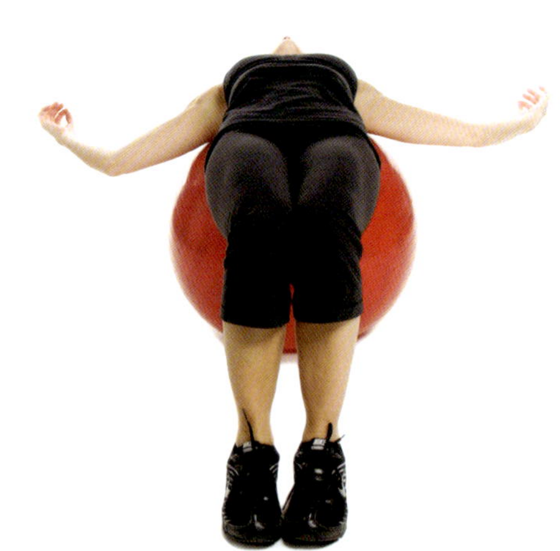

正确做法

- 在平衡球上滚动的时候呼气，当你的身体回到准备动作的位置时候吸气
- 当你的身体在球上滚动的时候保持身体的稳定，注意平衡球会自然旋转
- 如果需要保持你身体的平衡，可以扩大两脚间的距离

❷ 将你的上身沿着平衡球向左移动，肩膀运动，使你肩膀下方的平衡球朝左肩方向移动。

❸ 动作保持5秒钟，然后慢慢地将球滚回两个肩膀中间。

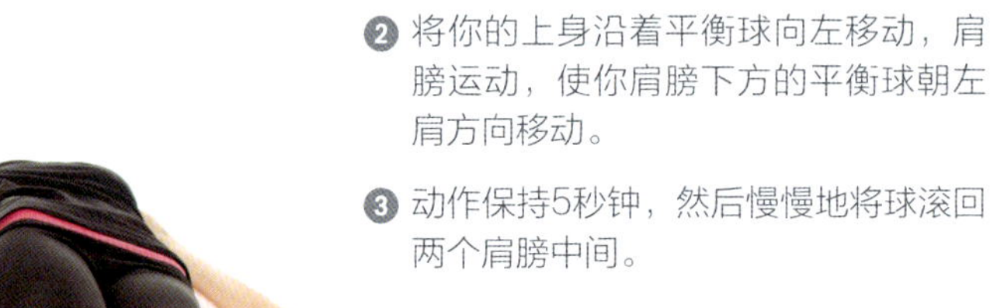

锻炼目标

- 腹斜肌
- 腹肌

级别

- 中级练习者

益处

- 稳定核心肌群
- 强健腹斜肌以及腹肌

如果你有下列问题，不建议做此项练习

- 颈部疼痛
- 腰背部疼痛

❹ 回到准备动作的位置。然后慢慢向右移动身体。每一侧动作重复5次。

避免

- 骨盆外凸——肩膀到膝盖应该形成一条直线
- 当平衡球位于肩膀的正下方，两肩与地面垂直的时候继续旋转平衡球

平衡球上下身扭转·核心肌肉习

变化练习

难度减小：两脚打开，与肩同宽。然后完成第2步到第4步的动作。

最佳锻炼部位

- 腹直肌
- 腹横肌
- 腹外斜肌
- 腹内斜肌

解析关键

粗体字代表此动作锻炼的目标肌肉
灰色字代表运动到的其他肌肉
*代表深层肌肉

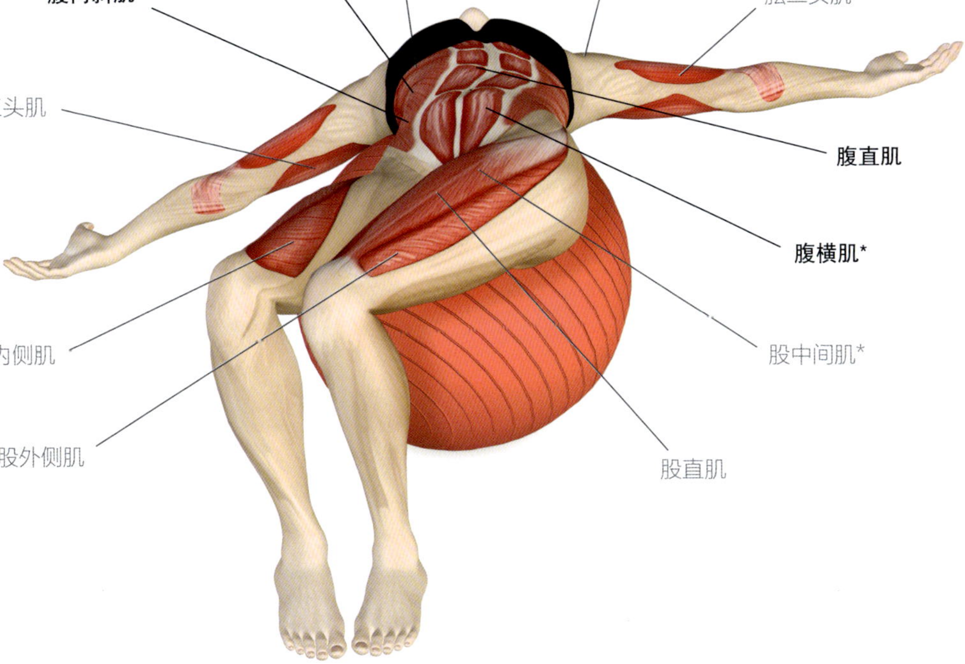

前锯肌
腹外斜肌
三角肌前束
腹内斜肌*
肱二头肌
肱三头肌
腹直肌
腹横肌*
股内侧肌
股中间肌*
股外侧肌
股直肌

收腹提臀

❶ 平躺在地板上，两腿向上伸出，踝关节交叉，膝盖伸直。两臂伸直，放于身体两侧，双手贴地面。

正确做法

- 在运动的过程中伸直双腿，绷紧腿部肌肉
- 臀部上提的时候颈部和肩部放松

避免

- 晃动你的身体或借助冲力来上提臀部

最佳锻炼部位

- 腹直肌
- 腹横肌
- 股中间肌
- 阔筋膜张肌
- 臀大肌
- 臀中肌
- 肱三头肌
- 股直肌
- 髂腰肌

锻炼目标

- 腹肌
- 前臂

级别

- 中级练习者

益处

- 强健核心肌群，提高盆骨的稳定性
- 紧实下腹肌

如果你有下列问题，不建议做此项练习

- 背部疼痛
- 颈部疼痛

❷ 两腿夹在一起，挤压你的臀部，臀部上提的时候两手臂按压地面。

❸ 慢慢地将臀部放回地面。重复10次，然后交换双腿位置。

收腹提臀 · 核心肌肉练习

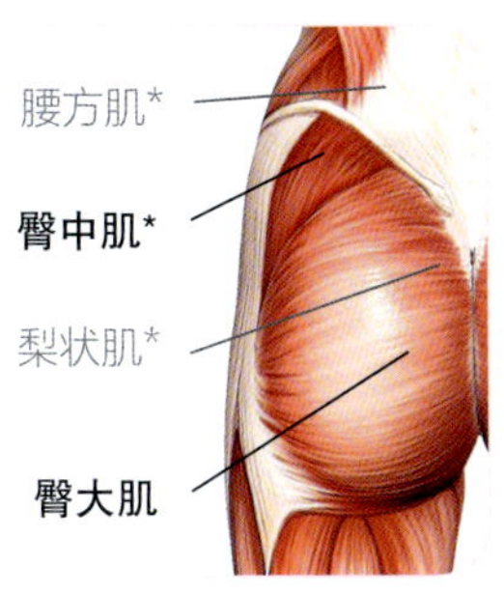

解析关键

粗体字代表此动作锻炼的目标肌肉
灰色字代表运动到的其他肌肉
*代表深层肌肉

变化练习

难度加大：臀部不离开地面，双臂上举。试着将肩膀提起，用手指够脚趾。

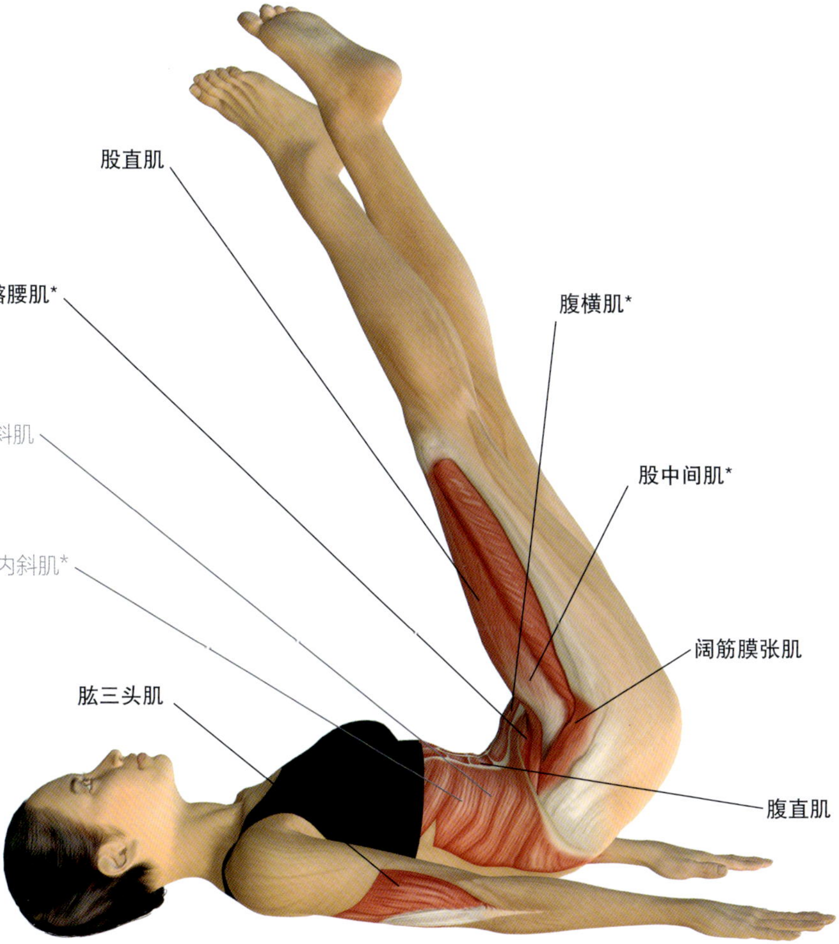

股直肌
髂腰肌*
腹外斜肌
腹内斜肌*
肱三头肌
腹横肌*
股中间肌*
阔筋膜张肌
腹直肌

举腿

❶ 背部平躺在地板上，两臂放于身体两侧。伸展双腿，向上抬起双腿离开地面，双膝并拢。

避免

- 过猛地举腿放腿
- 利用腰背部的力量来完成动作
- 弯曲双腿

锻炼目标

- 下腹肌

级别

- 中级练习者

益处

- 强健、紧实腹部肌肉

如果你有下列问题，不建议做此项练习

- 颈部问题
- 腰背部疼痛

❷ 向上抬腿，直到双腿与地面垂直。

❸ 慢慢放下双腿，双脚不着地。然后再次举起双腿。整套动作重复20次。

解析关键

粗体字代表此动作锻炼的目标肌肉
灰色字代表运动到的其他肌肉
*代表深层肌肉

正确做法

- 利用上身做支撑
- 借助腹肌的力量来完成动作
- 两条腿同时运动，就好像它们是一条腿一样
- 双臂固定在地板上

最佳锻炼部位

- 腹直肌
- 腹横肌

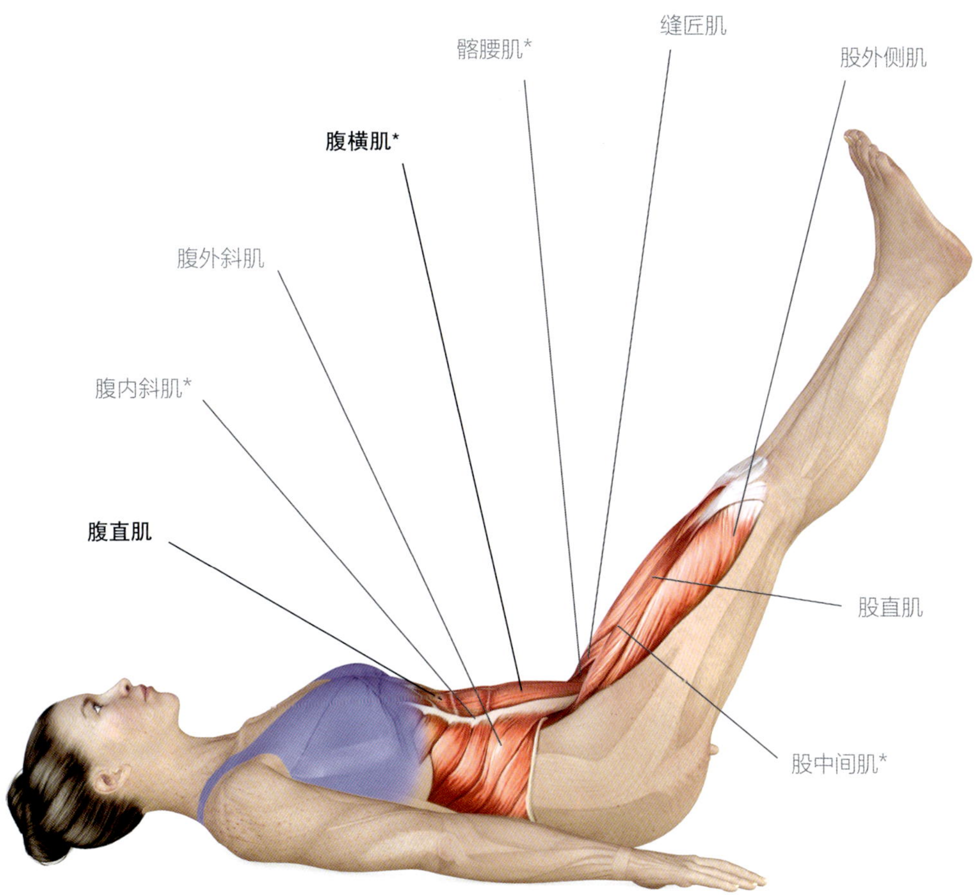

下身练习

大多数女人的主要问题在下半身——如果你也和她们一样，那你的主要目标就是消灭你的“大象腿”和“麒麟臀”。然而下身练习并不仅仅为了能把你自己塞进性感的铅笔裙中，减少下肢脂肪、强健下肢肌肉同样能够帮你的腰背部减轻负担，长期的下身练习会给你的身体带来更多的好处。你的臀部肌肉控制着你的双腿、臀部以及骨盆，锻炼臀部肌肉能够防止腰背部以及下肢损伤。强健的大腿肌肉（包括大腿前侧的股四头肌以及后侧的腘绳肌）能帮你更好地完成走、跑、跳、蹲等动作。腓肠肌和比目鱼肌是最主要的小腿肌肉。充分运动的时候，腓肠肌的两头会呈菱形，帮你塑造出一双美腿。

泡沫轴上髂胫束放松

❶ 左侧身，躺在地面上，将泡沫轴放在大腿中部。左前臂撑地，从而支持躯干。

❷ 左腿弯曲，交叉放置于右腿前，使你的左膝朝向前方。左脚平放在地面上。

锻炼目标

- 髂胫束
- 大腿外侧肌肉
- 肩胛肌

级别

- 中级练习者

益处

- 可以起到放松髂胫束的作用，刚开始练习的时候身体也许不会感到舒服，随着练习的增多会越来越得心应手
- 强化肩胛肌和后躯干肌的稳定性

如果你有下列问题，不建议做此项练习

- 肩部疼痛
- 后背疼痛

❸ 利用双肩的力量上拉，利用右腿的力量下推。前后滚动泡沫轴。调整手臂的位置，可以加大动作的幅度。

❹ 每一侧动作重复15次。

正确做法

- 在运动过程中放松双肩
- 前臂和手按压在地板上

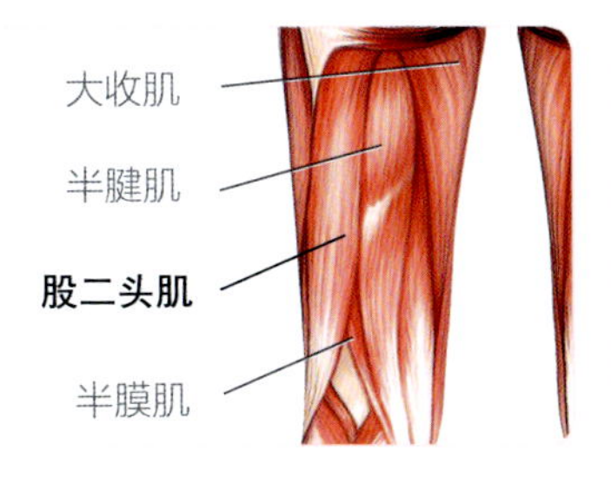

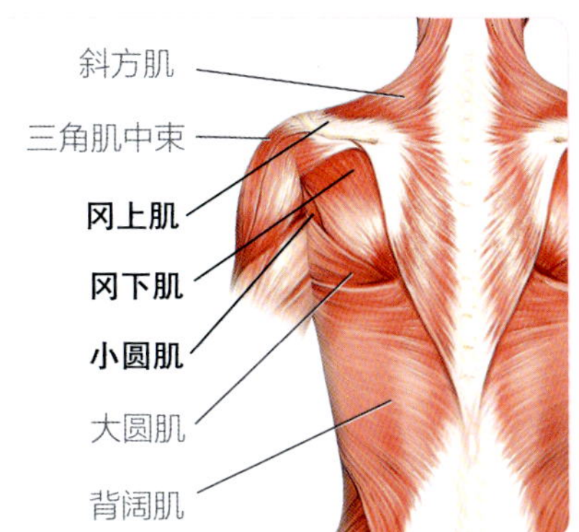

最佳锻炼部位

- 髂胫束
- 股直肌
- 股内侧肌
- 股中间肌
- 股外侧肌
- 股二头肌
- 冈下肌
- 冈上肌
- 小圆肌
- 肩胛下肌

避免

- 双肩上提，靠近耳朵

解析关键

粗体字代表此动作锻炼的目标肌肉
灰色字代表运动到的其他肌肉
*代表深层肌肉

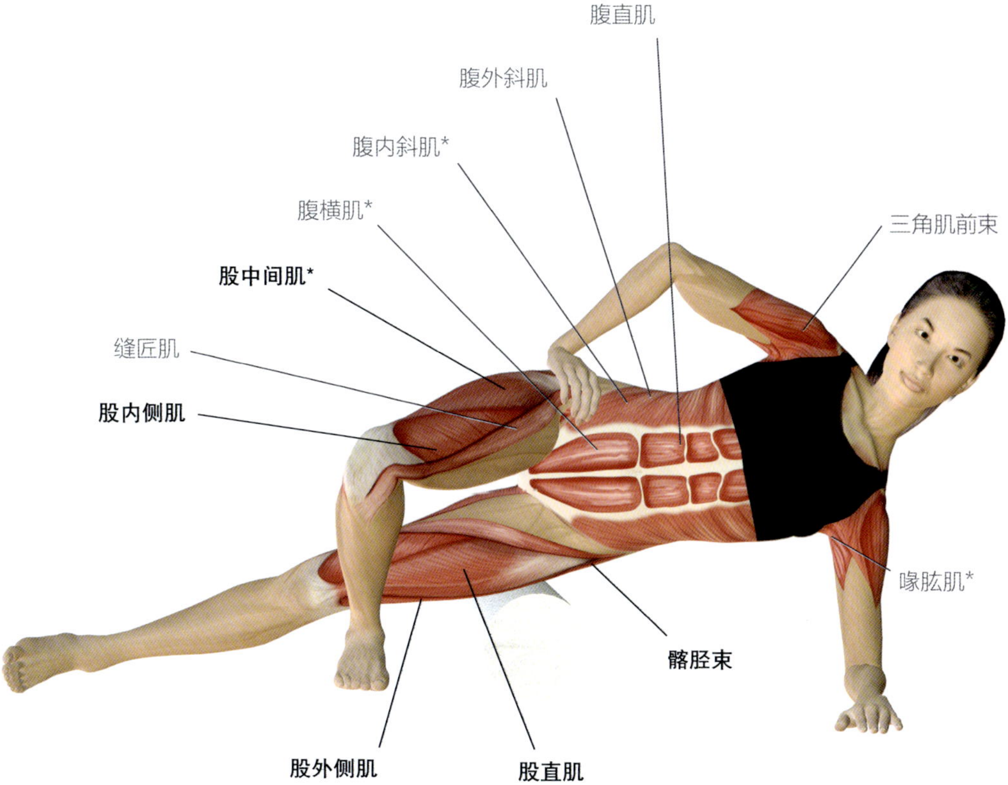

腹直肌
腹外斜肌
腹内斜肌*
腹横肌*
股中间肌*
缝匠肌
股内侧肌
三角肌前束
喙肱肌*
髂胫束
股外侧肌
股直肌

平衡球折叠跳

❶ 双手放在地面上，双腿伸直，放在平衡球上。保持脊柱重力。

正确做法

- 挺胸
- 在整个运动过程中拉伸脖子，伸展双肘
- 双手贴地，放在双肩的正下方

❷ 弯曲臀部，将双膝向胸部的方向拉伸，臀部上抬，收紧腹肌。

锻炼目标

- 腹肌
- 臀部屈肌

级别

- 高级练习者

益处

- 提高核心肌群稳定性
- 伸展腹部肌肉
- 运动到臀部屈肌

如果你有下列问题，不建议做此项练习

- 颈部问题
- 腰背部疼痛

❸ 继续拉伸，直到你的臀部移动到你的脚后跟上。

❹ 动作保持5秒钟，然后伸展臀部和双腿，回到准备动作的位置。

❺ 整个动作组重复3次。

三角肌后束
菱形肌*

腹直肌
腹横肌*
缝匠肌

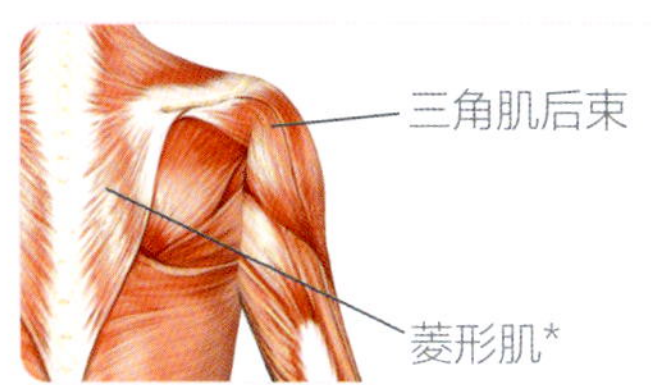

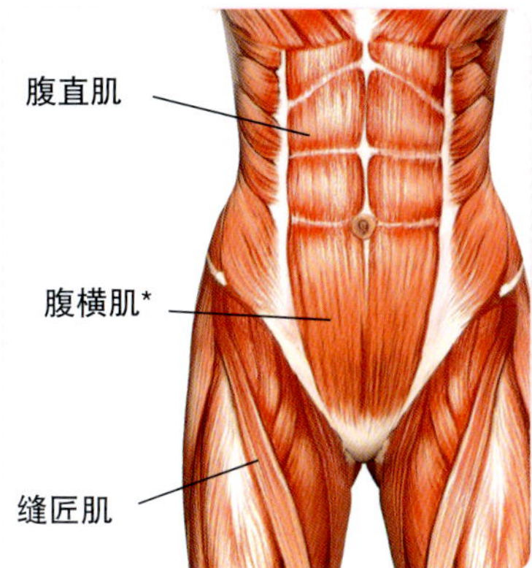

最佳锻炼部位

- 髂腰肌
- 腹外斜肌
- 腹内斜肌
- 腹直肌
- 缝匠肌
- 胫骨前肌
- 腹横肌

避免

- 弯曲手肘
- 双肩上提，贴近耳朵

解析关键

粗体字代表此动作锻炼的目标肌肉
灰色字代表运动到的其他肌肉
*代表深层肌肉

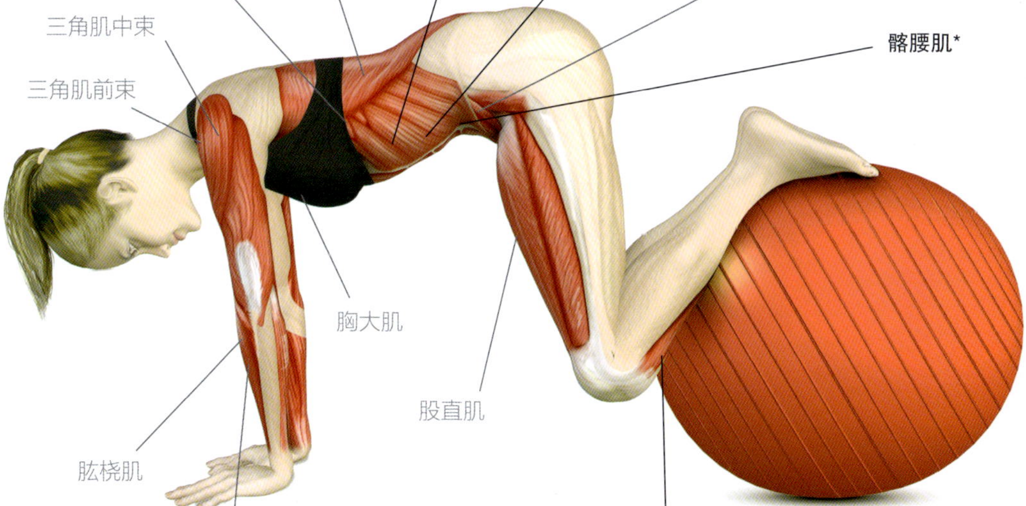

腹外斜肌
背阔肌
腹内斜肌*
前锯肌
阔筋膜张肌
三角肌中束
髂腰肌*
三角肌前束
胸大肌
股直肌
肱桡肌
指伸肌*
胫骨前肌

肩肌举桥

❶ 双腿弯曲，躺在地板上。两脚平放在地板上，双臂在身体两侧微微向外伸展。

正确做法

- 向后拉伸脚后跟而不是脚趾
- 双膝、双脚并拢
- 双臂、双脚放在地面上

锻炼目标

- 臀部肌肉
- 腘绳肌
- 四头肌
- 腰背部
- 臀部

级别

- 初级练习者

益处

- 伸展臀部肌肉、四头肌以及腘绳肌
- 增强核心肌群的稳定性

如果你有下列问题，不建议做此项练习

- 肩部损伤
- 颈部损伤
- 背部损伤

❷ 用力将臀部上提。离开地面，同时拉伸脚后跟。伸直脚趾，双脚与大腿平行。

❸ 上提臀部的同时拉伸颈部，从而使你肩膀到膝盖的部分形成一条直线。

❹ 动作保持30秒到1分钟。呼气，慢慢地放松脊柱，使脊柱贴近地面，整个动作重复3次。

变化练习

难度加大： 完成第1步到第3步之后，双腿保持弯曲，将左膝朝着胸部提拉。动作保持15秒钟，然后重复另一侧的动作。

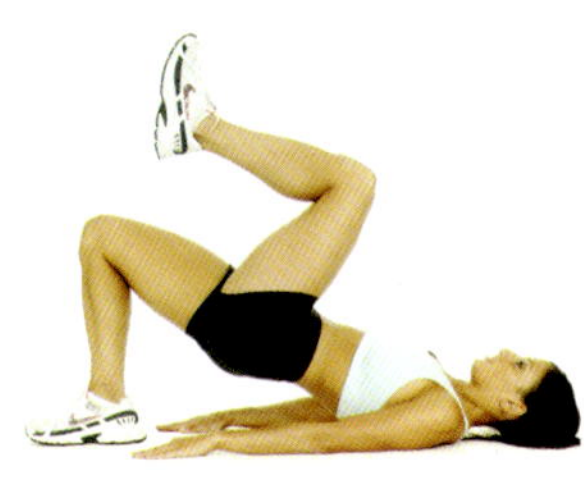

变化练习

难度加大： 将一只脚放在泡沫轴上，完成第2步和第3步，然后抬起右腿。动作保持15秒钟，之后重复另一侧的动作。

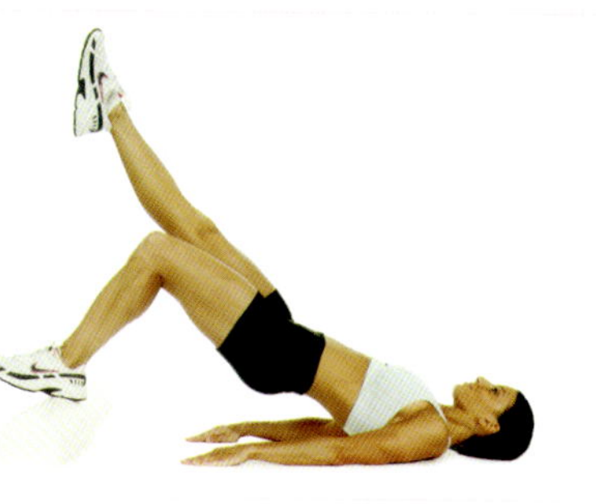

避免

- 过分向后拉伸腹肌
- 弓背

髂腰肌*
缝匠肌
股中间肌*
股内侧肌

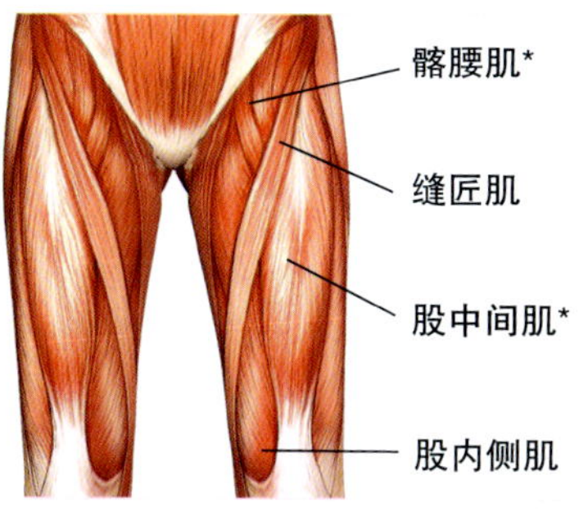

最佳锻炼部位

- 竖脊肌
- 髂腰肌
- 缝匠肌
- 股直肌
- 臀大肌
- 臀中肌
- 臀小肌
- 股外侧肌
- 股中间肌
- 股内侧肌

解析关键

粗体字代表此动作锻炼的目标肌肉
灰色字代表运动到的其他肌肉
*代表深层肌肉

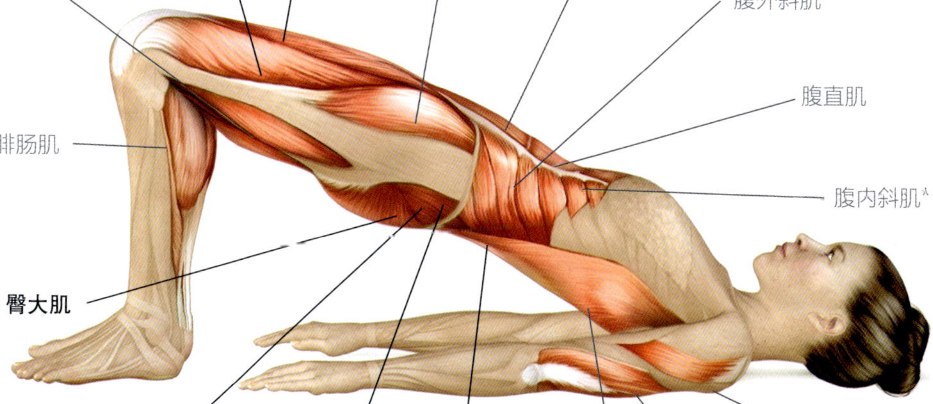

股直肌
阔筋膜张肌
股外侧肌
腹横肌*
股二头肌
腹外斜肌
腹直肌
腓肠肌
腹内斜肌*
臀大肌
三角肌中束
臀小肌*
肱三头肌
臀中肌*
竖脊肌*
背阔肌

泡沫轴自行车式

❶ 将泡沫轴纵向放在脊柱下方，平躺在泡沫轴上，你的臂部和肩部应该贴近泡沫轴。前臂放在泡沫轴两侧，贴近地面，保持身体平衡。

正确做法

- 在运动的过程中颈部保持放松
- 向下划腿的时候完全伸展腿部肌肉

❷ 双膝上抬，呈桌子形。小腿、大腿以及臀部分别呈90度角。

锻炼目标

- 腹肌
- 四头肌

级别

- 高级练习者

益处

- 提高盆骨的稳定性
- 强健腹部肌肉

如果你有下列问题，不建议做此项练习

- 腰背部疼痛
- 颈部疼痛

❸ 背部平贴泡沫轴，抬起你的头、脖子以及肩膀。伸直右腿，将左膝朝着胸部拉伸。头部、脖子以及肩膀的动作保持不变。

避免

- 肩膀上提，越过耳朵
- 在运动过程中上提臀部和后背

❹ 保持身体的平衡，换另一条腿，做蹬自行车状。每条腿做15次。

最佳锻炼部位

- 腹直肌
- 腹横肌
- 腹内斜肌
- 腹外斜肌
- 肱三头肌
- 股中间肌
- 股直肌
- 股内侧肌

解析关键

粗体字代表此动作锻炼的目标肌肉
灰色字代表运动到的其他肌肉
*代表深层肌肉

大收肌
半腱肌
股直肌
股内侧肌
缝匠肌
股中间肌*
股外侧肌
腹横肌*
半膜肌
股二头肌
髂腰肌*
肱三头肌
阔筋膜张肌肉*
腹直肌
股内侧肌*
腹外斜肌

单腿画圈

1. 平躺在地板上，双腿、双臂伸直。
2. 弯曲右膝，将右膝朝着胸部方向拉伸，然后向上伸直右腿。身体的其他部分保持放在地面上不动，伸直双膝，向下拉伸双肩。

3. 将上举的那条腿交叉越过身体，试着用脚朝着左肩的方向拉伸，左脚在空中画一个圈。

锻炼目标

- 骨盆的稳定性
- 腹部肌肉

级别

- 初级练习者

益处

- 伸展腿部肌肉
- 伸展深层腹肌

如果你有下列问题，不建议做此项练习

- 髋关节弹响症候群——如果这算是一种疾病的话，减小画圈的幅度

4. 左脚向相反方向画圈。重复另一条腿上的动作。整个动作组重复5到8次。

避免

- 上举的脚画的圈过大使身体不稳定

最佳锻炼部位

- 腹直肌
- 腹外斜肌
- 股直肌
- 股二头肌
- 肱三头肌
- 臀大肌
- 大收肌
- 股外侧肌
- 股内侧肌
- 阔筋膜张肌

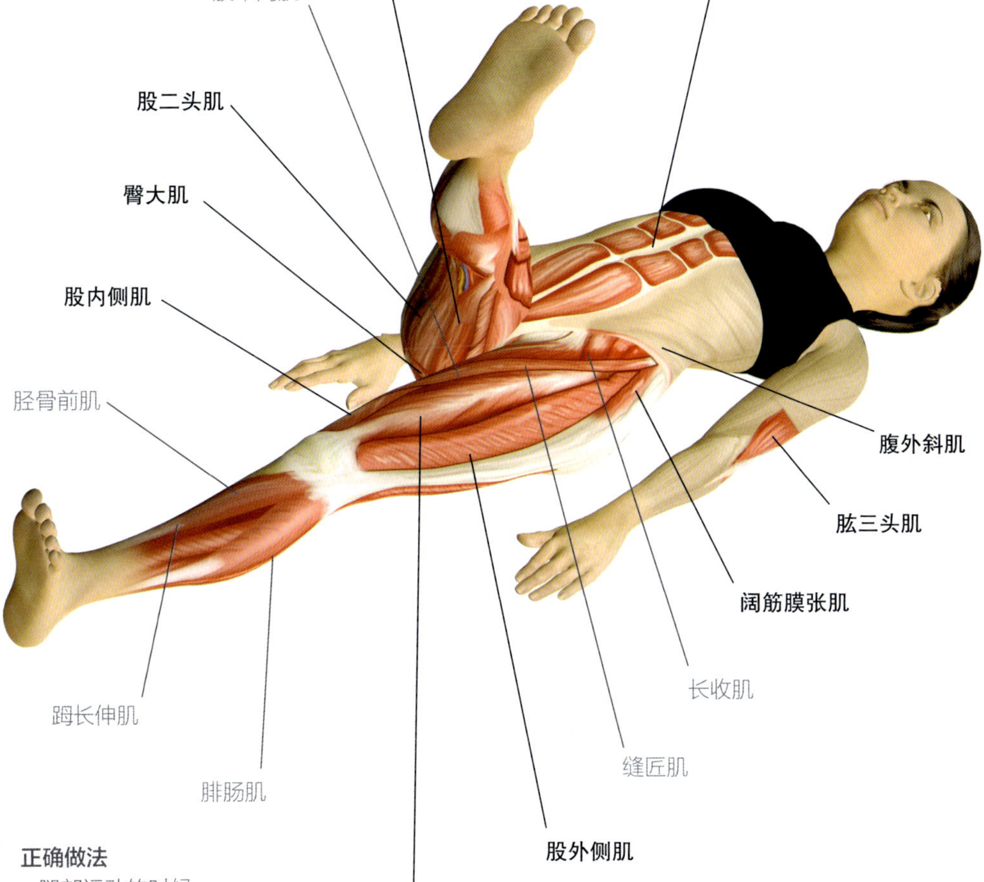

正确做法

- 腿部运动的时候臀部和躯干保持稳定
- 尽量伸长上举的那条腿从臀部到脚的每一个部分

解析关键

粗体字代表此动作锻炼的目标肌肉
灰色字代表运动到的其他肌肉
*代表深层肌肉

剪刀踢腿

❶ 平躺在地板上，弯曲双膝，双腿抬离地面，呈桌子状，大腿和上身之间呈90度角。两臂放在身体两侧。吸气，收紧腹部肌肉。

❷ 两腿伸直，头部和肩膀向上抬起离开地面。伸展双腿的时候保持这个动作。

正确做法

- 尽可能地伸直双腿
- 使你的肚脐贴近脊柱

❸ 伸直右腿，上举左腿，将左腿朝身体方向拉伸。双手握住左腿小腿，在不耸肩的前提下上身上抬两次。

锻炼目标

- 四头肌
- 腹肌

级别

- 中级练习者

益处

- 增强单侧身体的稳定性
- 强健腹部肌肉

如果你有下列问题，不建议做此项练习

- 腘绳肌紧张—如果这算是一个问题的话，你可以让膝盖朝胸部方向稍稍弯曲

避免

- 弯腿

❹ 换腿，上举右腿。保持骨盆和脊柱的稳定。整个动作组在每条腿上重复6～8次。

最佳锻炼部位

- 股二头肌
- 股直肌
- 阔筋膜张肌
- 腹直肌
- 腹外斜肌
- 三角肌中束

解析关键

粗体字代表此动作锻炼的目标肌肉
灰色字代表运动到的其他肌肉
*代表深层肌肉

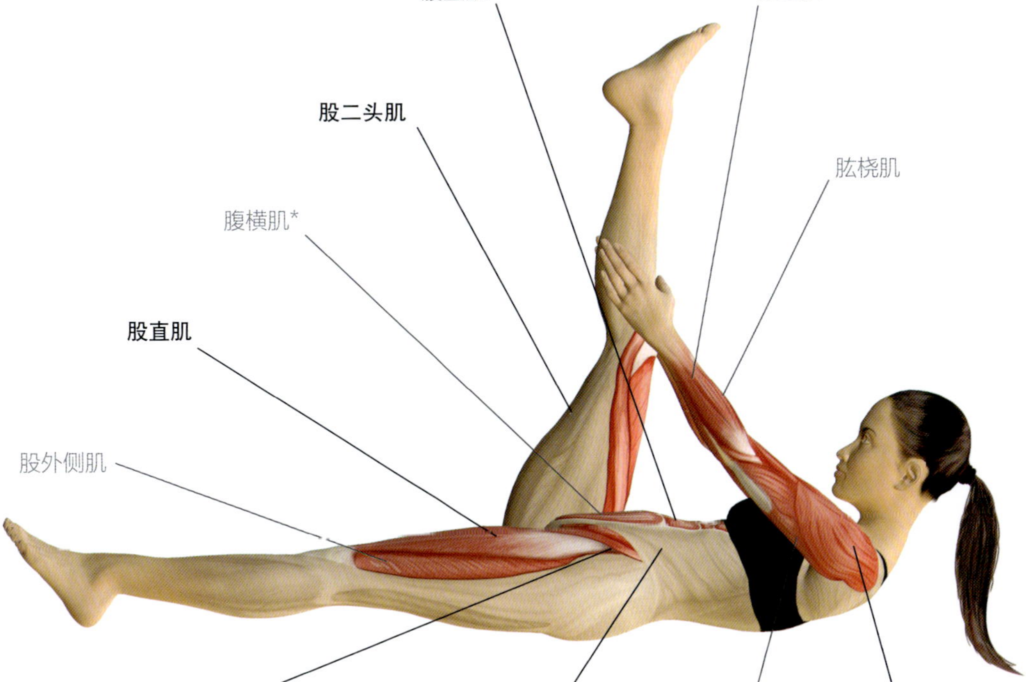

腹直肌
屈指肌*
股二头肌
肱桡肌
腹横肌*
股直肌
股外侧肌
阔筋膜张肌
三角肌中束
腹外斜肌
肱三头肌

贴墙下蹲

正确做法

- 在运动过程中保持身体稳定
- 放松颈部和肩部
- 臀部和膝盖呈90度角能使这项练习发挥出最大功效

❶ 背向墙面直立站好。后背靠在墙上，两脚向前跨步，使你的下身呈弓步，腰背部放松，靠在墙上。

避免

- 弓腿坐的角度小于90度
- 用力向后推背来保持姿势
- 感到累的时候身体左右晃动

❷ 身体沿着墙面慢慢下滑，直到你的臀部于膝盖呈90度角，你的大腿与地面平行。

❸ 双臂在身前伸直，平行于大腿。放松上身躯干。动作保持1分钟。然后重复5次。

锻炼目标

- 四头肌
- 臀部肌肉

级别

- 初级练习者

益处

- 伸展四头肌以及臀部肌肉
- 训练身体将重心放在两腿之间

如果你有下列问题，不建议做此项练习

- 膝盖疼痛

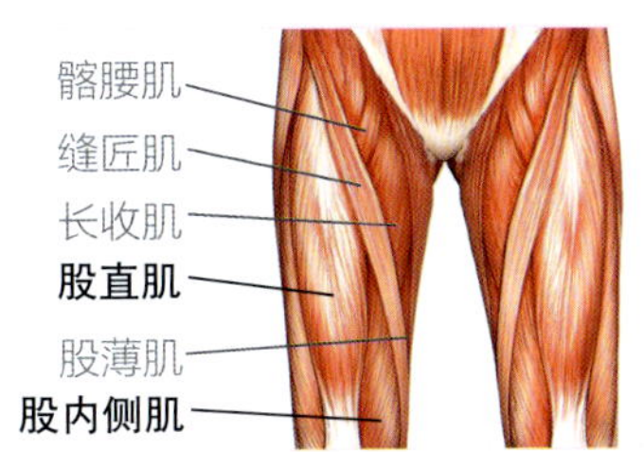

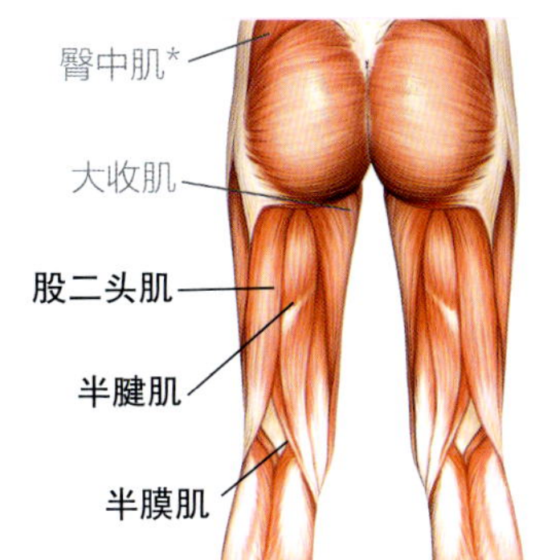

最佳锻炼部位

- 股内侧肌
- 股外侧肌
- 股中间肌
- 股直肌
- 半腱肌
- 半膜肌
- 股二头肌
- 臀大肌

解析关键

粗体字代表此动作锻炼的目标肌肉
灰色字代表运动到的其他肌肉
*代表深层肌肉

腹直肌
腹外斜肌
腹横肌*
股中间肌*
股外侧肌
臀大肌
阔筋膜张肌
胫骨后肌*
腓肠肌
趾长伸肌
胫骨前肌
踇长伸肌

直腿硬拉

❶ 直立站好，双脚打开与肩同宽。双手手握哑铃，放在身体两侧。双膝微微弯曲，臀部微微前倾。

正确做法

- 后背挺直，呈一条直线
- 保持躯干稳定
- 保持颈部伸直
- 保持双臂伸展

避免

- 腰背部下凹或弓背
- 弯曲身体的时候颈部过于紧张

锻炼目标

- 背部
- 臀部
- 腘绳肌

级别

- 中级练习者

益处

- 改善身体的灵活性
- 提高下半身稳定性

如果你有下列问题，不建议做此项练习

- 腰背部疼痛

❷ 背部保持平直，以臀部为重心，上身前倾，两手手握哑铃向下伸。你能感受大腿后侧的拉伸感。

❸ 控制你的身体，慢慢收回上身，回到准备动作的位置。重复以上动作。整个动作组重复15次。

最佳锻炼部位

- 竖脊肌
- 臀大肌

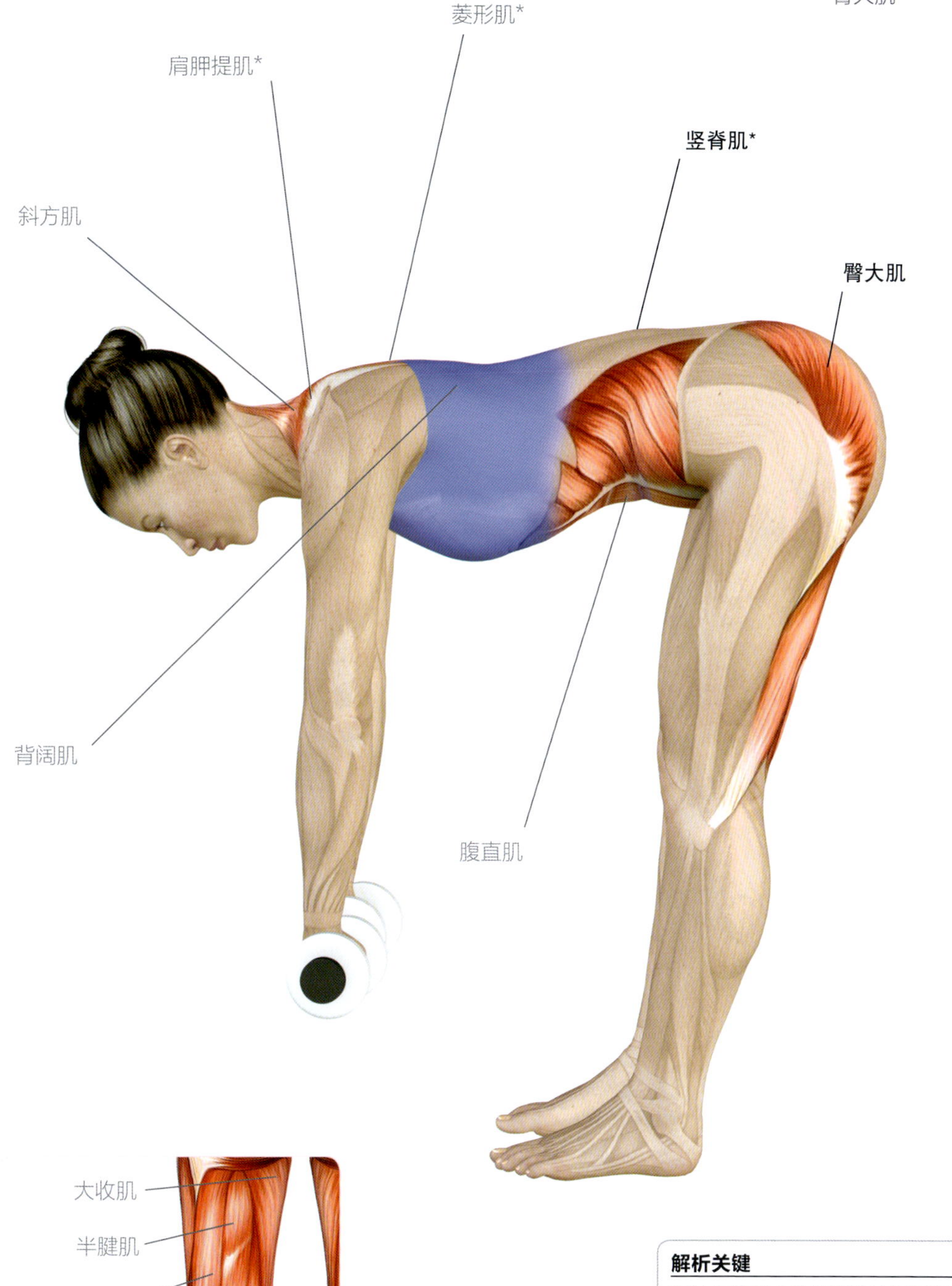

解析关键

粗体字代表此动作锻炼的目标肌肉
灰色字代表运动到的其他肌肉
*代表深层肌肉

前跨步弓箭步

❶ 两脚并拢，直立站好。双臂垂于身体两侧。

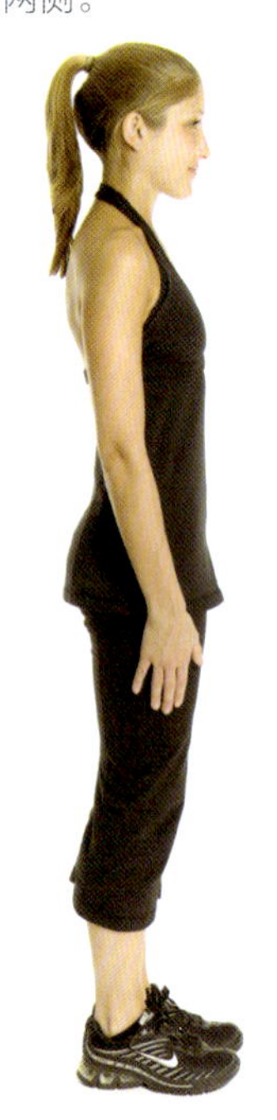

❷ 呼气，右腿向后退一步，与臀部在一条直线上。脚孤拐着地。

❸ 慢慢地向后滑动右脚，弯曲左膝，使左膝位于踝关节的正上方。

❹ 两臂置于左腿两侧，手掌或手指接触地面，从而稳定上身与头部。

❺ 抬头，目光直视前方，同时上身向前，慢慢地向下、向后扭动你的肩膀。

❻ 脚弧拐按压地面，拉伸大腿肌肉，伸直你的左腿。

❼ 动作保持5秒钟。慢慢地回到准备动作的位置。然后重复另一侧的动作。

避免

- 将位于后侧腿的膝盖放在地面上

锻炼目标

- 四头肌
- 胭绳肌
- 小腿肌

级别

- 初级练习者

益处

- 伸展双腿和双臂
- 伸展腹股沟

如果你有下列问题，不建议做此项练习

- 手臂损伤
- 肩膀损伤
- 臀部损伤
- 高血压或低血压

正确做法

- 肩膀和上身处于正确的姿势，然后伸展你的脊椎

解析关键

粗体字代表此动作锻炼的目标肌肉
灰色字代表运动到的其他肌肉
*代表深层肌肉

最佳锻炼部位

- 股二头肌
- 长收肌
- 大收肌
- 腓肠肌
- 胫骨后肌
- 髂腰肌
- 股直肌

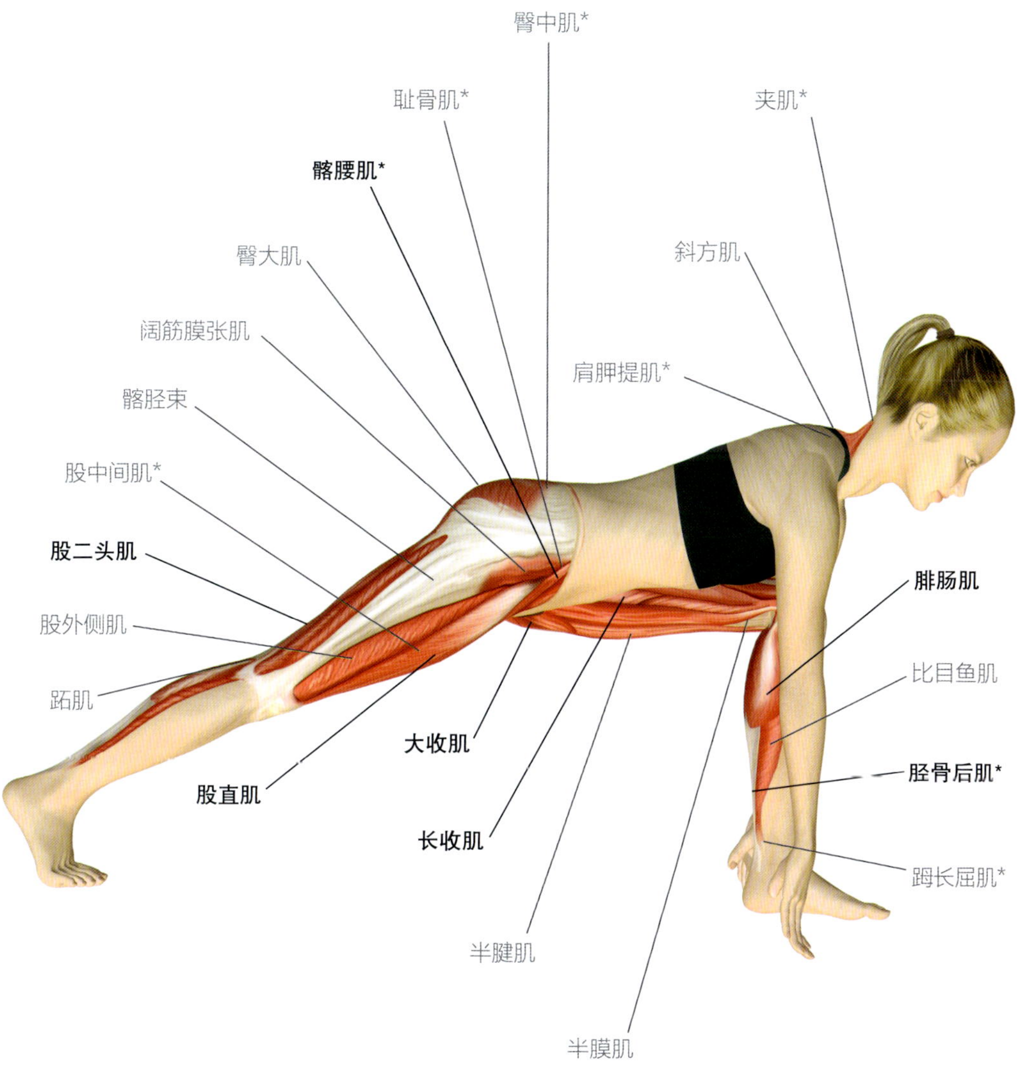

侧弓箭步

❶ 双脚打开，比肩略宽。两臂向前平伸，与地面平行。

避免

- 在运动的过程中耸脖子
- 双脚上提，离开地面
- 弓背或伸展背部

锻炼目标

- 臀部肌肉
- 四头肌

级别

- 初级练习者

益处

- 增强骨盆、躯干以及膝盖的稳定性

如果你有下列问题，不建议做此项练习

- 膝盖疼痛
- 背部疼痛
- 单腿负重存在问题

❷ 左腿向外迈出一步，慢慢向下深蹲，重心放在右腿上。臀部弯曲，保持脊柱中立。伸展左腿。两脚平放在地面上。

❸ 弯曲右膝，直到你的右腿大腿与地面平行，左腿完全伸展开来。

❹ 双臂保持与地面平行，推挤臀部，使你的右腿回到准备动作的位置，然后重复动作。整个动作组在每一侧重复10次。

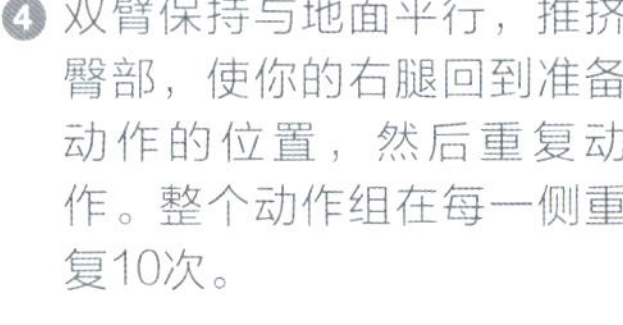

正确做法

- 在臀部弯曲的时候脊柱保持中立
- 放松肩膀和脖子
- 弓着的那条腿的膝盖和脚趾位于一条直线上
- 下蹲是时候收紧臀部肌肉

侧弓箭步·下身练习

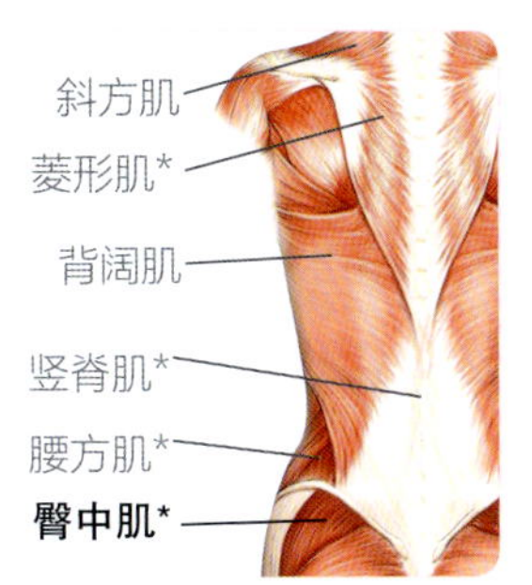

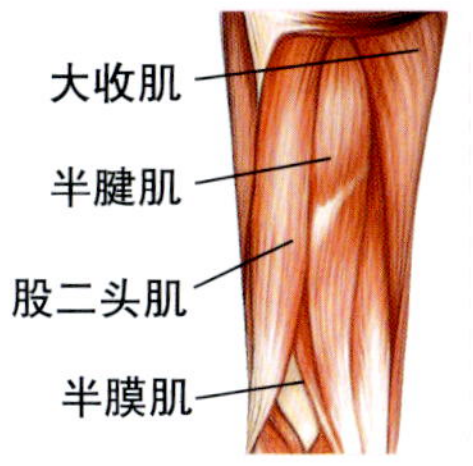

最佳锻炼部位

- 长收肌
- 大收肌
- 半腱肌
- 半膜肌
- 股二头肌
- 缝匠肌
- 股内侧肌
- 股外侧肌
- 股中间肌
- 股直肌
- 臀大肌
- 臀中肌
- 腹直肌

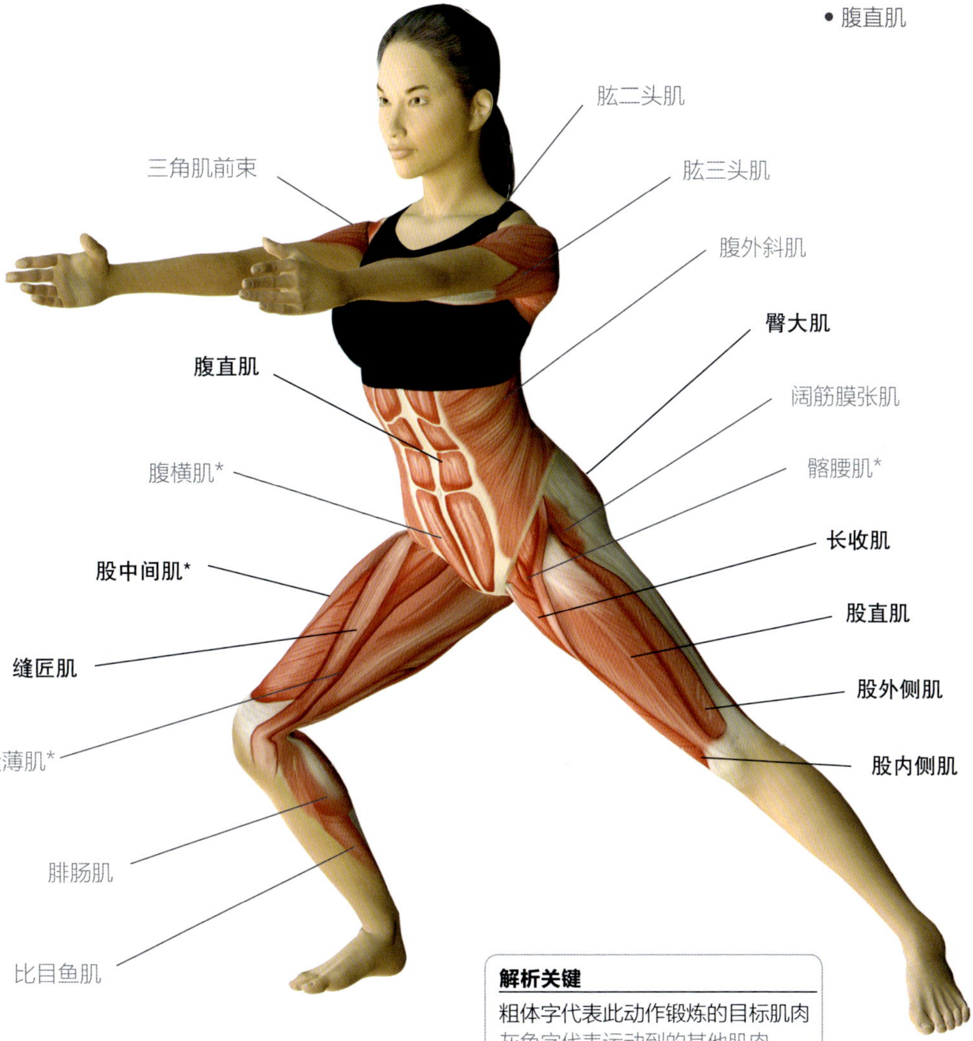

肱二头肌
三角肌前束
肱三头肌
腹外斜肌
臀大肌
腹直肌
阔筋膜张肌
腹横肌*
髂腰肌*
长收肌
股中间肌*
股直肌
缝匠肌
股外侧肌
股薄肌*
股内侧肌
腓肠肌
比目鱼肌

解析关键

粗体字代表此动作锻炼的目标肌肉
灰色字代表运动到的其他肌肉
*代表深层肌肉

哑铃跨步下蹲

❶ 直立站好，双脚打开，与肩同宽。双手手握哑铃，放在身体两侧。

正确做法

- 向前迈步的时候身体正对前方
- 直立站好
- 目光直视前方
- 做深蹲的时候身体保持放松
- 前伸的腿的膝盖指向前方

避免

- 身体向一侧倾斜
- 膝盖过于前倾，超过脚的位置
- 弓背

锻炼目标

- 臀部肌肉
- 四头肌

级别

- 中级练习者

益处

- 强健四头肌和臀部肌肉

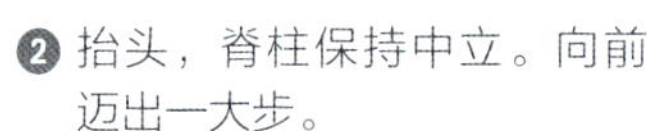

❷ 抬头，脊柱保持中立。向前迈出一大步。

如果你有下列问题，不建议做此项练习

- 膝盖问题

最佳锻炼部位

- 臂大肌
- 股直肌
- 股外侧肌
- 股中侧肌
- 股内侧肌

③ 向前迈步的同时，前腿膝盖弯曲，呈90度，同时收紧大腿，使大腿与地面平行。后腿膝盖下弓，脚趾点地，保持身体的平衡。你的脊柱与后腿膝盖在一条直线上。

④ 抬起前脚脚后跟，然后回到准备动作的位置，重复另一侧的动作。每侧做15次深蹲，两条腿交叉着完成3组动作组。

解析关键

粗体字代表此动作锻炼的目标肌肉

灰色字代表运动到的其他肌肉

*代表深层肌肉

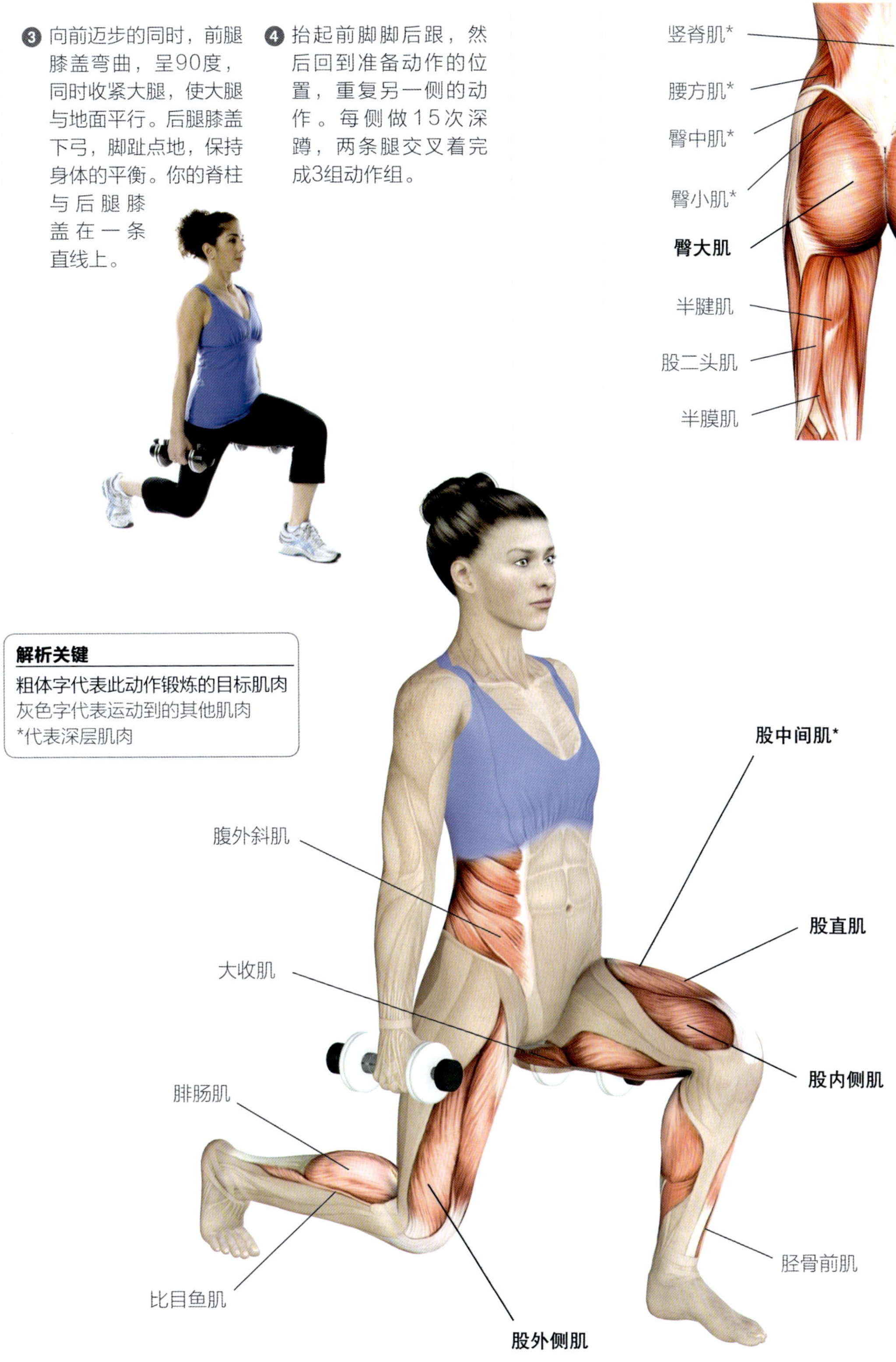

哑铃交互提腿

❶ 直立站好，挺直颈部、肩部以及躯干。两手臂放松，放在身体两侧。双手握哑铃，手心朝内。

❷ 慢慢地将脚后跟提起离开地面，利用前脚掌保持身体的平衡，身体其他部位保持不动。

❸ 动作保持10秒钟，脚后跟放下，然后重复动作15次。整个动作组做3次。

锻炼目标

- 小腿

级别

- 中级练习者

益处

- 强健小腿肌肉

如果你有下列问题，不建议做此项练习

- 踝关节问题

正确做法

- 双腿保持伸直
- 当你依靠前脚掌保持身体平衡的时候，将注意力放在你的小腿上；腿抬得越高越能感受到肌肉的收缩
- 核心肌群保持稳定，伸直后背
- 目光直视前方
- 利用前脚掌保持身体的平衡

解析关键

粗体字代表此动作锻炼的目标肌肉
灰色字代表运动到的其他肌肉
*代表深层肌肉

最佳锻炼部位

- 腓肠肌

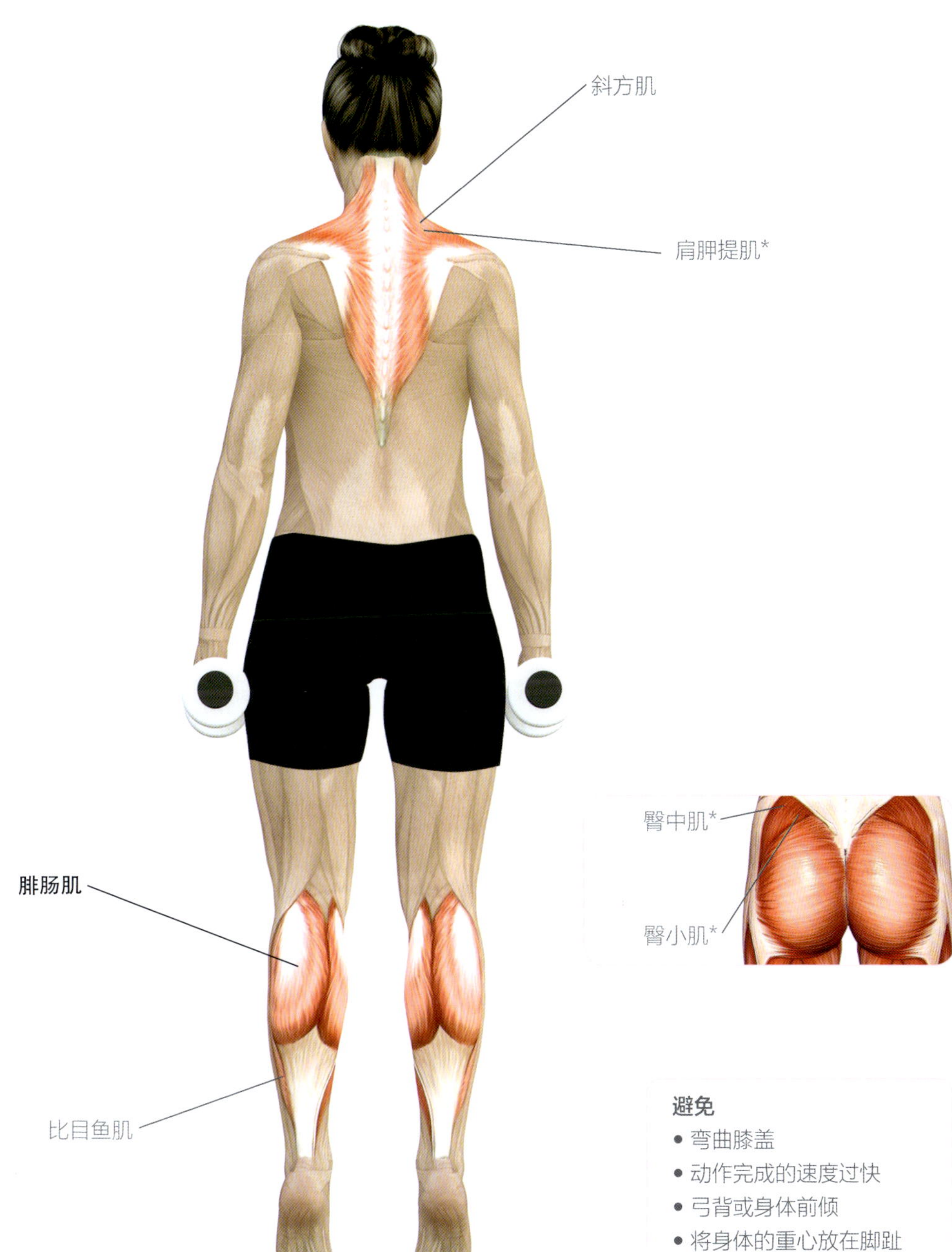

避免

- 弯曲膝盖
- 动作完成的速度过快
- 弓背或身体前倾
- 将身体的重心放在脚趾上，利用脚趾的力量来完成提腿动作

跪式侧抬腿

❶ 左膝着地，右腿向一侧伸展。左腿放在臀部下方，呈一条直线。两手放在头后，手肘向外打开。

避免

- 颈部、肩部下陷

❷ 身体向左倾斜。

锻炼目标

- 外展肌群
- 腹肌
- 臀部肌肉

级别

- 高级练习者

益处

- 塑造腰部曲线

如果你有下列问题，不建议做此项练习

- 膝盖问题
- 背部疼痛

❸ 左腿抬离地面，尽可能与臀部同高。整个动作组重复5~6次。重复另一侧的动作。

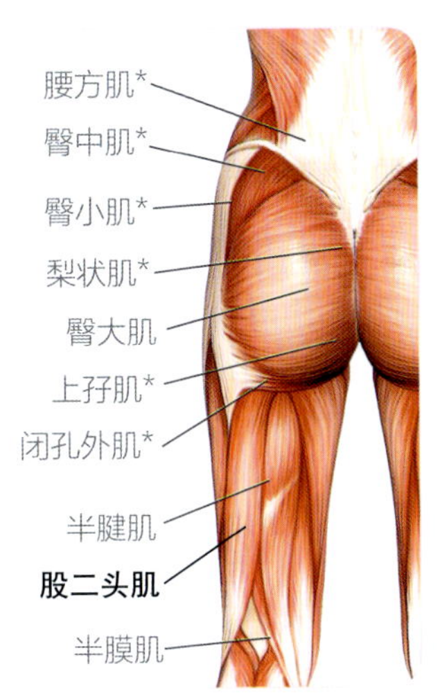

正确做法

- 在完成腿部动作的时候脊柱成一条直线来保持身体平衡
- 颈部放松
- 尽可能地拉伸大腿

最佳锻炼部位

- 腹直肌
- 腹横肌
- 腹外斜肌
- 长收肌
- 髂腰肌
- 股薄肌
- 股二头肌
- 股外侧肌

解析关键

粗体字代表此动作锻炼的目标肌肉
灰色字代表运动到的其他肌肉
*代表深层肌肉

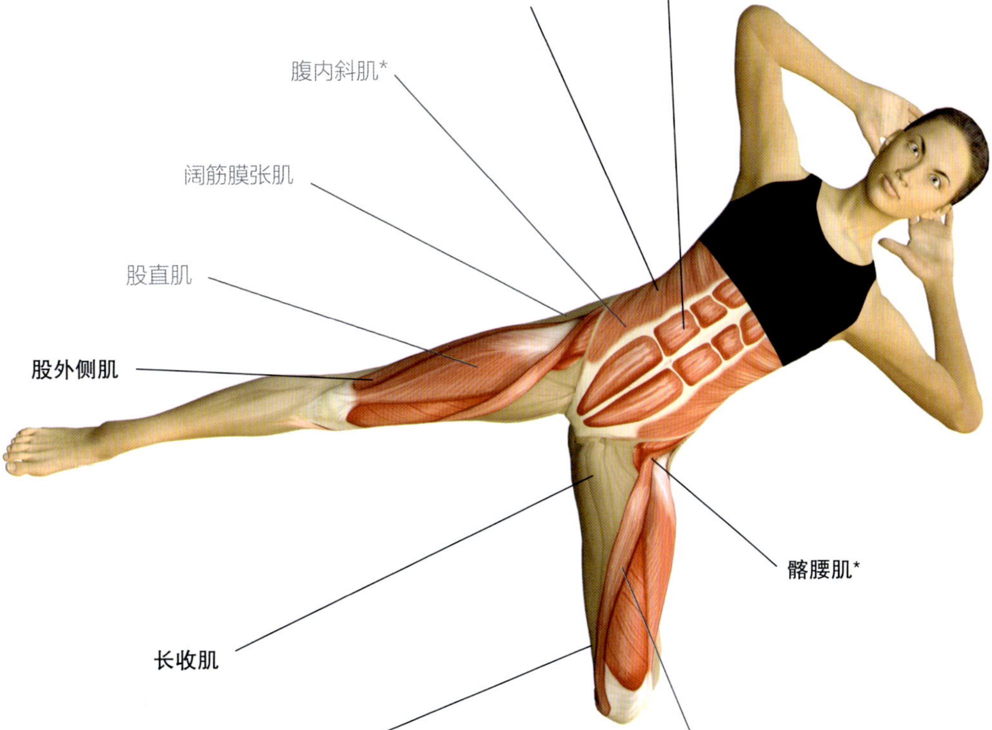

腹直肌
腹外斜肌
腹内斜肌*
阔筋膜张肌
股直肌
股外侧肌
髂腰肌*
长收肌
股薄肌*
缝匠肌

训练计划

当你学完了这本书中的所有动作，经常定期地进行锻炼，你下一步该做的就是根据这些动作制订训练计划。下列的这些训练计划将不同的动作组合在一起，针对不同的锻炼目标而设计，不论你是刚刚开始制订健身计划的新手还是经验丰富、想要完成如纤腰等特定目标的运动达人，都可以参照这些计划进行锻炼。如果你不想做训练计划中的某个特定动作，那么就选另一个有相似效果的动作来替换。尝试着完成书上的这些练习，熟能生巧之后你就可以根据自己的个人情况制订适合你自己的健身计划了。

初级练习

适合运动新手的入门练习，同时也适用于其他人士。

❶ 扩胸伸展

p.20

❷ 髂胫束伸展

p.36

❸ 哑铃垂直划船

p.66-67

❹ 旋转哑铃二头弯举

p.68-69

❺ 前跨步弓箭步

p.142-143

❻ 侧弓箭步

p.144-145

❼ 半卷腹

p.74-75

❽ 平衡球上平衡坐

p.114-115

❾ 平衡球上绕臀

p.116-117

❿ 小登步

p.102-103

⓫ 肩肌举桥

p.130-131

⓬ 梨状肌伸展

p.28

基本动作

有些东西是永远都不会过时的——正如这一组以行之有效著称的基本动作。

❶ 三头肌伸展

p.17

❷ 肩肌举桥

p.130-131

❸ 单腿画圈

p.134-135

❹ 剪刀踢腿

p.136-137

❺ 卷腹

p.72-73

❻ 平板支撑

p.90-91

❼ 俯卧撑

p.62-63

❽ 婴儿式

p.40-41

瘦小腿、大腿及瘦臀练习

重点帮助你强化腹部、腿部以及臀部肌肉，让你能穿上你喜爱的牛仔裤。

❶ 髋关节到大腿部伸展

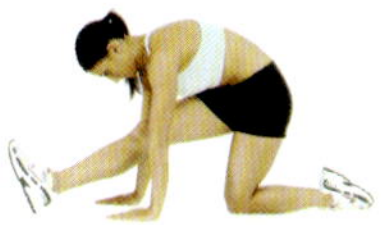

p.30

❷ 四头肌伸展

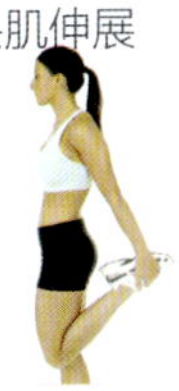

p.37

❸ 立式腘绳肌伸展

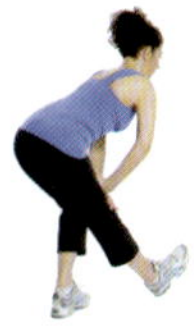

p.38

❹ 立式小腿肌伸展

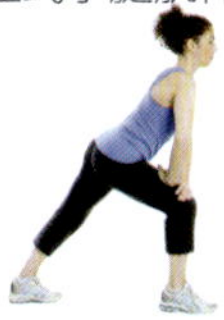

p.39

❺ 贴墙下蹲

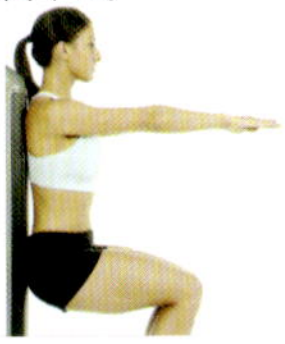

p.138-139

❻ 前跨步弓箭步

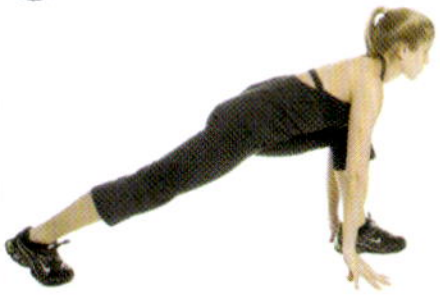

p.142-143

❼ 侧弓箭步

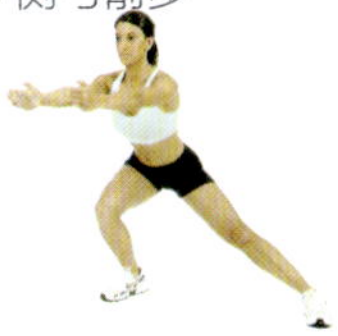

p.144-145

❽ 哑铃跨步下蹲

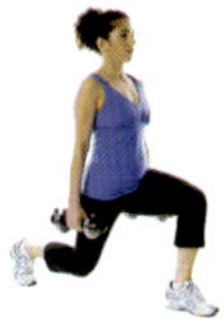

p.146-147

❾ 哑铃交互提腿

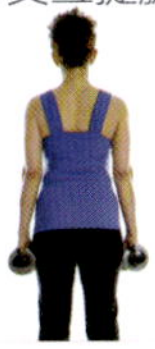

p.148-149

❿ 直腿硬拉

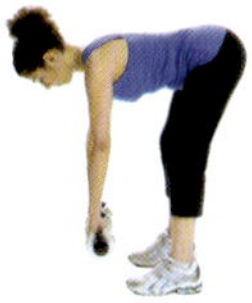

p.140-141

⓫ 跪式侧抬腿

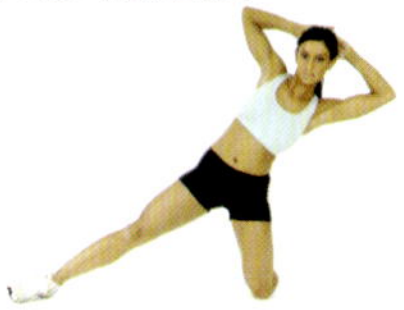

p.150-151

⓬ 泡沫轴自行车式

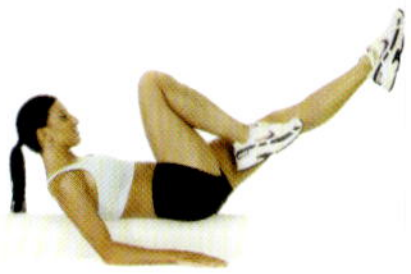

p.132-133

瘦手臂练习

经常练习这一组动作，你很快就能穿上你的无袖上衣和连衣裙，露出纤细的手臂。

❶ 凳上双臂屈伸

p.44-45

❷ 过头上推

p.48-49

❸ 交替推胸

p.50-51

❹ 直立扩胸

p.52-53

❺ 平衡球屈臂上拉

p.56-57

❻ 平衡球上肱三头肌伸展

p.58-59

❼ 平衡球上扩胸

p.60-61

❽ 旋转哑铃肌弯举

p.68-69

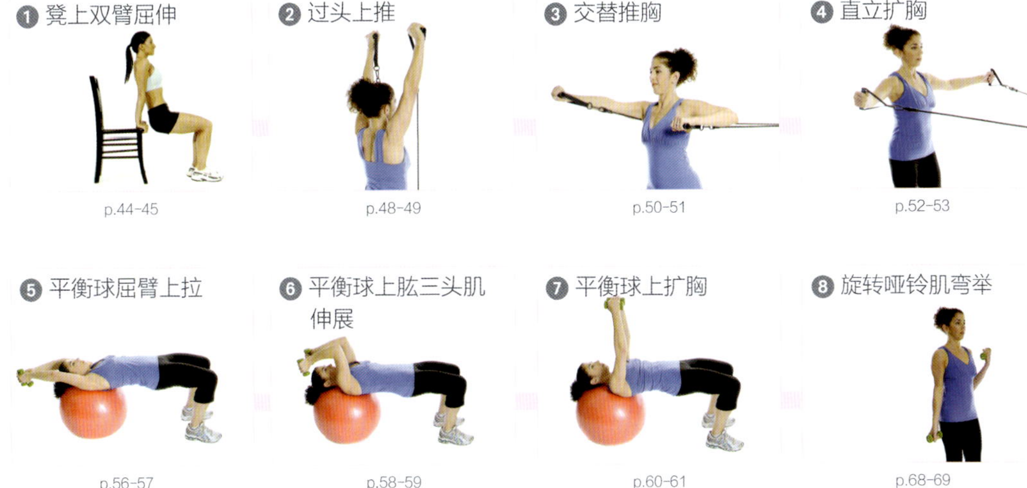

核心肌群强化练习

训练计划

这组练习是帮你强身健美的最可靠的方法之一，经过练习，你的体态会变得更好。

1 半卷腹

p.74-75

2 船式

p.84-85

3 V字形仰卧起坐

p.86-87

4 平衡球后背伸展

p.88-89

5 平衡球上腹横肌练习

p.92-93

6 平衡球上前滑

p.94-95

7 泡沫轴小腿下压

p.96-97

8 泡沫轴对角线侧卧起身

p.98-99

9 泡沫轴仰卧游行

p.100-101

10 小登步

pages102-103

11 收腹提臀

p.120-121

12 举腿

p.122-123

纤腰练习

一套能帮你纤细腰部的练习。

1 坐式俄罗斯扭转

p.76-77

2 脊柱扭转

p.78-79

3 斜向侧转身

p.80-81

4 仰躺脚踏

p.82-83

5 平衡球上交叉扭臀

p.32-33

6 平衡球上反身扭转

p.112-113

7 平衡球上绕臀

p.116-117

8 平衡球上下身扭转

p.118-119

全身练习

这一套健身动作能帮你实现最高水平的全身锻炼。

❶ 背后扣手

p.18-19

❷ 跪式平衡球上背肌伸展

p.21

❸ 俯卧上提躯干

p.64-65

❹ 凳上双臂屈伸

p.44-45

❺ 凳上腹肌收缩

p.46-47

❻ 双腿腹部推挤式

p.104-105

❼ 旋转式

p.106-107

❽ 直立屈膝

p.108-109

❾ 曲膝深蹲

110-111

❿ 泡沫轴上髂胫束放松

p.126-127

⓫ 平衡球折叠跳

p.128-129

⓬ 上平板式

p.54-55

伸展练习

这个不超过10分钟的背部伸展练习能帮你舒活背部肌肉。

❶ 颈部侧弯

p.16

❷ 背阔肌伸展

p.22-23

❸ 脚尖触碰

p.24-25

❹ 猫式伸展与犬式伸展

p.26-27

❺ 臀部伸展

p.29

❻ 脊椎伸展

p.31

❼ 仰卧抱膝

p.34-35

❽ 婴儿式

p.40-41

术语表

abduction（外展训练）：朝着身体外侧进行的运动。

adduction（内展训练）：朝着身体内侧进行的运动。

anterior（前侧）：位于前部的。

cardiovascular exercise（心血管锻炼）：任何有助于增加心率，制造氧气以及丰富血液营养的肌肉运动。

core（核心肌群）：指的是位于脊椎附近，对全身具有结构性支撑作用的深层肌肉。核心肌群分为大核心肌群和小核心肌群。大核心肌群主要集中于躯干部分，包括腹部以及中背部和后背部。这一部分还包括盆底肌（提肛肌、耻尾肌、髂尾肌、耻骨直肠肌以及尾骨肌），腹部肌肉（腹直肌、腹横肌*、腹外斜肌、腹内斜肌*），脊柱伸肌（椎棘多裂肌*、竖脊肌*、夹肌*、胸最长肌以及半棘肌*）以及隔膜。小核心肌群包括背阔肌、臀大肌、斜方肌（上、中、下）。在运动的过程中，小核心肌群与大核心肌群协同运动，增加身体的稳定性。

crunch（腹肌收缩）：一个常见的腹肌练习动作。要求平躺在地板上，双手放在头后，弯曲膝盖，双肩找盆骨。

curl（卷曲）：针对肱二头肌的一项练习，要求在卷曲动作中，借助身体的重力使肢体形成一定的弧度。

dead lift（提举）：弯腰弓步，下身保持稳定，将例如杠铃这样的重物举起离开地面。

dumbbell（哑铃）：一个基础性运动器材，横杠的两侧安有适当重量的哑铃片。运动员在锻炼的过程中可以单手持哑铃，也可双手持哑铃。大多数健身房提供的哑铃带有标记重量的哑铃片，而许多供家庭使用的哑铃带有调整片从而帮助你改变哑铃的重量。

extension（伸展运动）：矫直四肢的动作。

extensor muscle（伸展肌）：帮助肢体向四周伸展的肌肉。

flexion（弯曲）：关节弯曲。

flexor muscle（屈肌）：减少两骨之间角度的肌肉，例如弯曲手肘或者将大腿朝着胃上提的时候。

fly（伸展）：在这项运动中，手和手臂有弧度地打开，手肘保持固定的角度。伸展能锻炼到上半身的肌肉。

hand weight（手部负重物）：负重训练中用于紧实肌肉的自由重量练习物。铸铁哑铃是最常见的小型的手臂负重物，为方便使用，有些哑铃外覆橡胶或氯丁胶。

iliotibial band，ITB（髂胫束）：位于大腿外侧的由纤维组织组成的一条厚厚的纤维带，分布在臀部到膝关节下方的胫骨的外侧。髂胫束通常同大腿上的其他肌肉协同运动，帮助膝关节外侧的部位增加稳定性。

lateral（外侧）：位于外侧或向外伸展。

medial（内侧）：位于中间或向内伸展。

medicine ball（实心健身球）：一个有一定重量的球体，通过为传统训练增加重量来达到强度训练的目的。

neutral position spine（脊柱自然曲线）：后背脊柱呈现S形（前凸后弯）。

posterior（后部）：位于后方的。

press（按压）：需要将身体的重力或其他阻力从身体转移到其他地方的运动。

range of motion（关节活动度）：关节在弯曲姿势或者伸展姿势时能移动的距离和方向。

resistance band（弹力带）：能用于阻力练习的橡胶胶管或者扁平的带子，也被叫做“健身带（fitness band）”，“拉伸带（stretching band）”或者“伸展管（stretch tube）”。

rotator muscle（回旋肌）： 协助例如臀部关节或者肩部关节旋转的一组肌肉。

scapula（肩胛骨）： 上背部上凸起的骨头，也写做shoulder blade。

squat（深蹲）： 弯曲双膝和臀部，臀部下移的同时身体重心下移（负重同样下移），然后回到直立的姿势。深蹲主要锻炼大腿、髋部、臀部的肌肉以及腘绳肌。

Swiss ball（瑞士球）： 一个灵活的，可充气的聚氯乙烯球，球体周长多为35到86厘米，多用于重力练习，物理治疗，平衡性训练或者其他练习。也被称为“平衡球（balance ball）”、“健身球（fitness ball）”、“抗力球（stability ball）”、“运动球（exercise ball）”、“韵律球（gym ball）”、“物理治疗球（physioball）”、“形体球（body ball）”或者其他名字。

warm-up（热身）： 任意形式的短时间轻度练习，能够帮助身体为更激烈的活动做好准备。

weight（负重）： 指的是重量盘、重量堆或者健身棒或哑铃上表明的实际磅数。

工作人员及致谢

除了第11页左上角以及中上部的图片分别是由Shutterstock的Serg64和Shutterstock的Picamaniac拍摄，其他所有摄影作品由乔纳森·科林摄影有限公司（Jonathan Conklin Photography, Inc.）的乔纳森·科林制作完成。

模特：艾琳娜·奥索斯，戈尔迪·奥伦以及梅丽莎·格兰特

所有的大型插图均由印度赫克托尔·艾萨/3D 动画实验室（Hector Aiza/3D Labz Animation India）制作，小型插图由琳达·巴克林快照（Linda Bucklin / Shutterstock）制作。

致谢

作者和出版商同样向参与制作本书的伙伴们表示感谢：Moseley Road股份有限公司总裁肖恩·摩尔、总经理凯伦·普林斯、艺术总监蒂娜·沃恩、制作总监亚当·摩尔以及设计师丹尼尔·斯卡拉穆佐、特丽莎·博纳德和摄影师乔纳森·科林。